新潮新書

麻生太郎
ASO Taro
とてつもない日本

217

新潮社

とてつもない日本●目次

第七章　新たなアジア主義——麻生ドクトリン

はじめに

平成十七（二〇〇五）年の暮れ、外務大臣としてインドを訪問する機会があった。首都ニューデリーに滞在中、できたばかりの地下鉄を視察したのだが、この時インドの方々からうかがった話が今でも忘れられない。

この地下鉄視察が日程に組み込まれたのは、日本の政府開発援助（ＯＤＡ）を使って建設されたものだからであった。私たちが訪ねた駅には日本とインドの大きな国旗が掲げられており、日本の援助で作られたということが大きな字で書いてあった。改札口にも大きな円グラフが表示され、「建設費の約七十パーセントが日本の援助である」と分かるように、青で色分けしてあった。その配慮に感激し、私は地下鉄公団の総裁に御礼の言葉を述べた。

すると、逆にこんなふうな話をしながら、改めて感謝されたのである。

――自分は技術屋のトップだが、最初の現場説明の際、集合時間の八時少し前に行ったところ、日本から派遣された技術者はすでに全員作業服を着て並んでいた。我々インドの技術者は、全員揃うのにそれから十分以上かかった。日本の技術者は誰一人文句も言わず、きちんと立っていた。自分が全員揃ったと報告すると、「八時集合ということは八時から作業ができるようにするのが当たり前だ」といわれた。

悔しいので翌日七時四十五分に行ったら、日本人はもう全員揃っていた。以後このプロジェクトが終わるまで、日本人が常に言っていたのが「納期」という言葉だった。決められた工程通り終えられるよう、一日も遅れてはならないと徹底的に説明された。

いつのまにか我々も「ノーキ」という言葉を使うようになった。これだけ大きなプロジェクトが予定より二か月半も早く完成した。もちろん、そんなことはインドで初めてのことだ。翌日からは、今度は運行担当の人がやってきた。彼らが手にしていたのはストップウォッチ。これで地下鉄を時間通りに運行するよう言われた。秒単位まで意識して運行するために、徹底して毎日訓練を受けた。その結果、数時間遅れも日常茶飯事であるインドの公共交通機関の中で、地下鉄だけが数分の誤差で正確に運行されている。これは凄いことだ。

我々がこのプロジェクトを通じて日本から得たものは、資金援助や技術援助だけではない。むしろ最も影響を受けたのは、働くことについての価値観、労働の美徳だ。労働に関する自分たちの価値観が根底から覆された。日本の文化そのものが最大のプレゼントだった。今インドではこの地下鉄を「ベスト・アンバサダー（最高の大使）」と呼んでいる――。

私はこの話にいたく感銘を受けた。

地下鉄建設に携わった日本人技術者たちの仕事ぶりそのものが、優れた外交官の役割を果たしたのである。彼らはなにも、よそ行きのやり方をやって見せたわけではない。しかしいつものように、日本で普通に行なっているスタイルで仕事をしたに過ぎない。

それが、インドの人々には「価値観が覆るほどの衝撃」だったのだ。

日本ではよく「カローシ（過労死）」を例に挙げて、日本人は働き過ぎだ、日本人の働き方は間違っているという人がいる。だがそれはあまりに自虐的で、自らを卑下し過ぎてはいないだろうか。「ノーキ」を守る勤勉さは、私たちが思っている以上に、素晴らしい美徳なのである。

第三次小泉改造内閣、安倍内閣と続けて外務大臣を拝命し、一年半が過ぎた。この間、二十三か国を訪問し、国際会議や国内での会談を含めれば、のべ百か国以上の首脳とお目にかかったことになる。

私は外務大臣をやらせていただいていることに心から感謝している。なぜなら、外務大臣として様々な国を訪ね、各国要人と話すことで、世界における日本の位置づけを改めて確認することができるからだ。どの国の人からも日本に対する期待がヒシヒシと伝わってくる。外相就任は、日本の実力を冷静な視点で再確認できたという意味で、貴重な経験になっているように思う。

日本はまことに不思議な国である。

敗戦後は一度も戦争をすることなく平和と安定を維持し、数十年に及ぶ努力の結果、世界史上でも希に見る経済的繁栄を実現した。

にもかかわらず、新聞を開けば、やれ格差社会だ、少子化だ、教育崩壊だ……と大騒ぎ。テレビをつければ凄惨な殺人事件ばかりが報じられ、識者と称する人たちが「日本はなぜこんなにおかしくなったのか」などと語っている。新聞やテレビを見ていると、まるで明日にでも日本が滅びそうな気がしてくる。

でも、ちょっと待っていただきたい。日本は本当にそんなに「駄目な国」なのだろうか。そんなにお先真っ暗なのだろうか。

私は決してそうは思わない。むしろ、日本は諸外国と比べても経済的な水準は相当に高いし、国際的なプレゼンスも極めて大きい。日本人が考えている以上に、日本という国は諸外国から期待され評価されているし、実際に大きな底力を持っているのである。

バブル崩壊以降、日本はもっとグローバル・スタンダードを導入すべし、などという議論が幅をきかせたけれども、私に言わせれば、むしろ「日本流」がグローバル・スタンダードになっている現実もあるのだ。トヨタ、ソニー、カラオケ、マンガ、ニンテンドー、Jポップ……。「ノーキ」や「カイゼン」が、世界の経済にどれだけ貢献しているか。インスタント・ラーメンやカップ麺が、どれだけの人を救ったか。

日本は、マスコミが言うほどには、決して悪くない。いや、それどころか、まだまだ大いなる潜在力を秘めているのである。

もちろん、目の前に課題がないわけではない。少子高齢化に伴い、人口構成が変わってゆくのは間違いないし、それに応じて政策を変えていかなければならないだろう。社会の活力を維持しながら、セーフティネットを構築することも不可欠だ。しかし、そもそも社会というのは常に変化するものなのであり、それに合せて臨機応変に対策を講じていけばよいのである。目の前の変化に怯えて、いたずらに悲観ばかりしているのは、かえって国の舵取《かじと》りを危うくさせるのではないだろうか。

本書は、そんな思いから、私なりに「日本の底力」をもう一度、見つめ直してみようとしたものだ。ときには話が脇道にそれてしまったり、かなり乱暴な物言いになってしまったりしたところもある。しかし、これは「失言」や「放言」のたぐいではない。発想の転換のために、あるいは考えるヒントとして、あえて暴論、異論めいたことも述べさせていただいた。あまり眉間《みけん》に皺《しわ》を寄せずに、柔らかい頭で読んでいただけると有り難い。これからの日本を考える上で、本書が議論のきっかけになれば本望である。

祖父・吉田茂は、私が幼い頃、よくこんなふうに語っていた。

「日本人のエネルギーはとてつもないものだ。日本はこれから必ずよくなる。日本はとてつもない国なのだ」――。

私はいま、その言葉を思い出している。

第一章　アジアの実践的先駆者

日本は必ずよくなる

麻生家には一枚の肖像画が遺されている。そこに描かれているのは麻生和子。私の母であり、吉田茂の娘である。ジョン・フォスター・ダレス氏が、わざわざロンドンの画家に描かせて、贈ってくれたものだ。

ダレス氏は、サンフランシスコ平和条約と日米安全保障条約交渉のアメリカ代表で、当時国務長官顧問をしていた。日本側の代表が私の祖父、吉田茂だった。

米ソの対立が深刻化していく中で、日本に再軍備を強硬に迫るなど、ダレス氏との交渉には緊迫した場面もあったようだが、最終的には、「和解と信頼の講和をもたらした」恩人として、祖父は著書『回想十年』で感謝の気持ちを率直に表している。

ダレス氏から贈られた母の肖像画を見る度に、今日の日米関係が、ダレス氏と祖父のみならず幾多の固い信頼と友情の上に築かれてきたことを、私は意識せざるを得ない。

祖父は、三十年後、四十年後の日本の繁栄のために、経済力をつけて民生の安定を図ることを最優先し、当面の安全保障はアメリカに任せようと考えて行動した。二十一世紀に入った今、祖父が生きていたら何を思うだろうかと、よく考えるようになった。

祖父は、子供の私に、ことあるごとにこう言った。

「これからの日本はよくなる。必ずよくなる」

その言葉どおり、日本は基本的にはよくなっていった。

日本は多数講和により、自由主義経済陣営の仲間入りをする形で、占領から六年ほどで独立を果たした。その後、保守合同で政権を安定させ、近代工業化社会の頂きをめざして走り続けた。そのめざましい経済復興を支えたのは、日本人全員の、昨日よりも今日、今日よりも明日がよくなると信じる力だったと思う。もちろん、その道程にはさまざまなことがあった。

朝鮮事変特需を起爆剤として、高度成長で奇跡的な経済復興を果たす一方、大都市の人口激増の裏で農村の過疎化が進行したり、各地で公害問題が頻発するなど、成長が生み出したひずみに苦しんだこともあった。オイルショックなどは、資源のない国であるがゆえの苦しみだったともいえる。

しかし、わが国は、それらを全員で乗り越えてきた。東京オリンピックや大阪万国博覧会などの一大イベントに輝かしい未来をみた。公害やオイルショックをバネにして、世界でも有数の環境先進国になった。

ソニー、松下、トヨタ、ホンダに代表される日本の工業製品は、世界の羨望《せんぼう》の的だ。ＧＤＰと外貨準備高が世界二位、貿易収支と経済収支も共に黒字、治安もよく、街中はどこも清潔。こんなに住みやすい国はないのではないだろうか。

日本の戦後六十年の歩みを振り返れば、いいことばかりではなかったということはいうまでもない。失敗もたくさんあった。しかし、成功はもっとたくさんあった。だからこそ、今の日本がある。

たいしたものではないか。これは、すべての日本人が誇りに思っていいことだと思う。

成功も失敗も進んでさらけ出す国

平成十七（二〇〇五）年十月に外務大臣に就任して以来、世界各国を訪れ、さまざまな国の人々と接する機会が増えたが、それらを通して、確信したことがある。それは、日本の国際的地位や日本に対する評価が変わったということだった。

日々、溢《あふ》れる情報に接していると、日本では、自らの国の過去に対しても未来に対しても、否定的な言説が多いと思うのだが、皆さんはいかが思われるのだろうか。マスコミも、識者といわれる方々も、もう少し素直に現実を見た方がいい。今や日本が、多くの分野で世界の先頭を走っていることを認めると、日本の本当の力が見えてくるはずだ。では、国際社会における日本の姿、日本の強みとは何か。この問いに対しては三つの答えがあると私は考えている。

近ごろビジネス界では「ソート・リーダー（Thought Leader）」という言葉が盛んに使われている。これはアメリカで主に用いられているそうで、「先駆者」というような意味がある。また、マーケティングの世界では、他人に影響を与える先駆的存在、といった意味もあるらしい。

ビジネス用語としての正確な定義はさておいて、これをもう少し私流に言い換えるならば、人より先に難問にぶち当たらざるを得ない星回りにある者のことであり、そして、アジアにおけるソート・リーダーとは日本だ。これが第一の答えである。

現代の国家がぶつかる問題に、単純な解決法は存在しない。日本とて、直面している数々の問題は、完全には解決できないことも多い。それでも解決しようとしてもがく姿自体が、ほかの人たちにとって教材となる——。

「成功のみならず、むしろ失敗例を進んでさらけ出す」タイプの存在、国、それがソート・リーダーである。その意味では「実践的先駆者」とでも呼べばよいかもしれない。

失敗をさらすには勇気がいる。日本にはそれだけの度量があることを前提にしたうえでの話である。もちろん、失敗ばかりでなく問題解決の手並み鮮やかなところも見せたいものである。

実際に日本が「実践的先駆者」となった例を、過去から拾っていくつか挙げてみよう。

恐らく、日本が最大のコストを払って学んだ難問とは、ナショナリズムの扱い方だったのではないかと思われる。

わが国のナショナリズムの過剰な昂揚が、韓国や中国をはじめとするアジアの国々で無辜《むこ》の民を苦しめた。その過去の歴史には、引き続き謙虚な反省の念をもって臨まなくてはならない。むろん、ナショナリズムの扱い方を誤れば、自国においても多くの犠牲を生んでしまうことは、同じ歴史が示す通りだ。

日本の近現代史は、民主主義の激情が、容易にナショナリズムの昂揚へと転化しかねない事実をも教えている。発展途上にある若い民主主義は、あるいは民主主義を希求しようとする若いハートは、激しやすい性格を持っている。民主主義は、必ずしも平和への一直線の道を示しているわけではない。

昭和の日本は、まさしくこの状態を通過した。ナショナリズムの昂揚も、アナーキズムの台頭も経て、そして苦い敗戦も、イデオロギーの対立もくぐり抜けて、成熟した民主主義国家となった。私には、アジアのいくつかの国に、政治的にも、経済的にも、かつての日本と似た状況が見て取れるように思えてならない。

日本はこの長い長い道のりを、どのように歩いてきたのか。それについては私たち自身がきちんと総括をして、経験を隣人たちに努めて説いていかねばならないと思う。その総括は決して恥ではない。現在の日本が成熟していること、すでに「激しやすい性格」の国ではないことを示すことにもなる。

ナショナリズムには、厄介なことに、国家間で刺激しあってエスカレートしやすいという問題がついて回る。日本が、もはやナショナリズムによって血圧を上げることが全くないほど老いた国であるとも思えない。そして周辺諸国を見る限り、ナショナリズムが昂揚している国は少なくない。だとすると、問題は決してなくなっているわけではない。実際に、日本国内におけるナショナリズムの台頭を懸念する声も聞かれる。もっとも、今の日本のそれが警戒すべき水準にあるとは思えない。

大切なことは、現在の日本には、世論があって、民主主義的な議論の制度があるということだ。戦前のそれとはかなり異なり、非常に成熟したものである。偏狭なナショナリズムを正すには、民主主義を支える諸制度の健全性がどれほど大切かということを、日本は身をもって示すべきである。

日本がソート・リーダーとなれる分野は他にもある。たとえば環境問題だ。明治以降昭和中期まで、日本の高度成長の陰に、公害に代表される環境破壊があったことはいうまでもない。むろん、当時はまだ環境問題そのものについての認識が世界中で甘かったという面はあるから、先人を闇雲に非難すべきではない。が、ツケは後になって回ってくるわけで、結局のところ、日本は甚大《じんだい》な出費を強いられた。高度成長とグロテスクな環境破壊とはコインの裏表だった。これも日本近現代史の一面である。

けれども日本は、この問題を、どうにか解いて見せた国でもある。高度成長期の反省を生かして、環境問題に官民ともに取り組んできた。ある試算によれば、現在、GDP一単位を追加的に生み出すのに、中国をはじめとするアジア主要国が原油を一必要とする場合、北米諸国は〇・五でよく、日本は、わずかに〇・二五だけですむという。日本経済のエネルギー効率は、北米諸国の二倍、アジア主要国に比べると四倍にもなる。この分野では、アジアのみならず、世界におけるソート・リーダーたる資格があるのだ。

もちろん、「情けは人の為ならず」という通りで、この問題においては、他人から乞われて物を教えるという消極的な立場ではなく、積極的に私たちの持てるノウハウを発信していく必要がある。一衣帯水というが、中国の水や大気が汚れると、結局、私たちが困る。日本の経験は、熱意を込めて近隣諸国に伝えていかねばならない。

ナショナリズム、環境破壊については、先駆者として解決してきた日本が、現在直面している難問は「少子高齢化」である。これは日本以外のアジア諸国においてはまだまだ先の話だろう。欧米でも日本ほど極端な形で人口減少が進む国は少ない。

これこそ日本が当面する最大の問題であることは、広く知れ渡っている。日本がどう解決しようとしているか、あるいはできずに苦しんでいるかは、近い将来、急激な老齢化を経験するであろう中国はじめアジアの諸国にとって、教訓とならないはずはない。先に難問にぶつかってしまう私たちの行動に、彼らは注目している。

安定化装置としての役割

念を押しておきますが、私は「日本はアジアで一番優れた国だ」といった短絡的な話をしているのではありません。民族的な優位性を説くつもりもありません。あくまでも歴史の流れの中で、偶然や必然が積み重なって、そうなったということを申し上げているに過ぎないのです。

ではなぜ日本は、良きにつけ悪しきにつけ、「教訓の泉」たり得るのか。「ソート・リーダー」という立場に立つことになったのか。

理由は明白である。日本は十九世紀半ば以降、特に明治以降、アジアにおいて政治・経済・社会の近代化を、最も早く経験した国だからだ。現代の世界で普遍的な価値として認識されている民主主義と市場経済の建設において、日本はアジアにあって、比類なく豊かな経験を積んできたからにほかならない。その理由についての細かい議論、分析は歴史家に任せて、話を先に進めよう。

結果として、日本はアジアのソート・リーダーとなった。このことをもう少し広い視野で、つまり世界規模で捉えれば、「日本は、アジアで最も古い民主主義国家、市場経済国家として、アジアに埋め込まれた安定勢力である」ということになるだろう。経済用語を借りれば、日本はアジアにおける「ビルトイン・スタビライザー」ということになる。これが、日本とは何か、という問いへの二番目の答えである。

ビルトイン・スタビライザーとは、財政における自動安定化装置のことで、累進課税制度は、その代表的な例だ。

たとえば国の景気が良くなれば、働く人たちの収入は増えるが、税金も高くなるので、過剰な消費拡大を抑えることになる。逆に景気が悪くなって収入が減っても、税金も安くなるから、やはり極端な消費の落ち込みを抑制する。このように、ある程度安定を確保するためのシステムのことである。日本はアジアにとって、こういう装置、「安定勢力」として機能しているのではないか。

このことは経済面と安全保障面とで分けて考える必要があるのだが、いずれにおいても、日本は「安定勢力」なのである。

まず経済面について考えてみよう。

韓国に対して八十三億五千万ドル、マレーシアには四十三億五千万ドル、インドネシアに対しては二十九億三千万ドル、タイには二十八億七千万ドル、フィリピンには二十五億ドルなど、合計三百億ドル——。これらは、平成十（一九九八）年から十一年にかけ、軒並み金融危機に見舞われていたアジア各国に対する、日本の支援金の額である。

みなさんのご記憶にもあるように、当時の日本は、まだ不況の真っ只中であった。それでも、近隣諸国が経済的苦難に見舞われた時、自らが財政難や不況に苦しんでいても支援の手を差し伸べる。日本はそういう立場を取ってきた。

さらに、日本の政府開発援助（ＯＤＡ）の役割については、今さら多言を要しないだろう。アジアの国・地域間で極端な貧富の差が生じることは、世界の平和と安定のためにもできる限り避けねばならない。また、外交上、軍事的な分野での活動に強い自制を課している日本にとり、ＯＤＡは、世界に影響力を発揮していける欠くべからざる政策手段である。

もちろん、近年ＯＤＡに対する見方が厳しいのは承知している。確かに、過去の援助のすべてが有効だったかどうか、検証も必要だろう。しかし、ぜひ一度、外務省のホームページにあるＯＤＡの項目を見ていただきたい。アジアに限らず、世界各国に日本が貢献してきた記録がある。

しばらく前、安倍晋三総理を、Ｕ2というロック・バンドのボノさんという方が訪問したことが報じられた。テレビや新聞ではもっぱら、安倍総理がおそろいのサングラスをかけたところばかりを報じていたように思う。しかし、そのときボノさんは「アフリカの感染症問題に対する日本の貢献について高く評価する。日本は約束したことを必ず実行するとの名声が高い」とも言っていたのである。

アフリカはもちろん重要だけれども、日本にとってもっとも大切なのがアジア地域の安定なのは言うまでもない。あの不況のさなかでも何とか支援が続けられたのだから、今後もそうした姿勢は持ち続けるべきだろう。それは「ええかっこしい」ではない。国益にもつながるのである。

また、安全保障面においては、日本というより、日米同盟が安定勢力である。この地域の「重石《おもし》」として、役割を十分に果たしてきたことは、間違いのない事実である。

地域の平和と安定がなければ、今日のアジアの経済発展はなかっただろう。日本が戦後一貫して日米同盟関係の維持・強化に外交の基軸を置いてきたことは、まさしく正しい選択だった。冷戦期、ポスト冷戦期を通じ、アジアの平和と安定を確保する重要な要素が、アメリカの政治的・軍事的プレゼンスであったこと、また今後も当分の間そうあり続けることに、疑いの余地はない。アジアに住む我々は、みな交易国民である。交易が常に安心してできるよう、安全と秩序を提供してきたものこそ、アメリカの軍事力であるし、それを支えたのが日米同盟だった。強固な反米思想の方々は異論を唱えることだろうが、ここではそれに対する反論に行数は割かない。私は歴史と現実を冷静に見て、事実を述べているに過ぎない。

アメリカが「安定」して軍事力を展開できる場を、基地として提供し続けてきたのが日本である。基地再編を巡る最近の日米合意は、新たな安全保障環境に日米安保体制が一層効果的に対応できるようにするとともに、米軍のプレゼンスに避けがたくつきまとう負担を軽くすることによって、日米同盟の基盤をより強固にするのを狙ったものである。

もちろん、日本だけがソート・リーダーではない。また、ビルトイン・スタビライザーが一国だけ、というのでも困る。その意味では隣の韓国は、我々にとって価値観の基本的なところを共有する頼もしいパートナーであると考えている。一般に自由民主主義国同士の関係は安定し、信頼の絆《きずな》は強固である。国の政策に対する民意のコントロールが働き、国際ルールの遵守《じゅんしゅ》や他国への信義、公正の念が保たれるからだ。できることならば日韓両国が、アジアの二大民主主義国という気概をもって、共にアジアの安定・発展に尽くしていきたい。そして、できるだけ多くの国と価値観を共有できる時代が早く訪れるよう、願わずにはいられない。

アジアの幸福

日本とは何か、という問いへの最後の答えは、「国対国の関係に、上下概念を持ち込まない国である」ということだ。日本はアジア各国と、真に同輩同士の関係、対等な仲間としての関係を結んできた。これからもその原則は変えない。

コンピュータ用語で言うならば、「ピア・ツー・ピア（peer to peer・P2P）」の構築に努めてきたのが日本である。ピア・ツー・ピアとは要するに、ある特定の固定化された上下関係で結ばれたネットワークではなく、あくまでもすべての関係者と対等な関係にあるネットワークだとイメージしていただきたい。

日本は、開始当初からODAに一つの意思を込めてきた。適切な環境とインセンティブ、仲間からの絶えざる励ましさえあれば、人は成長に向けて努力をするものであり、その努力を助けることこそが、日本流のODA政策でなければならない、という思想だ。決して安易な「援助漬け」にしてしまってはならない。それは結果的に開発途上国の自立にとって妨げにしかならないからだ。ここには、援助対象国と同じ目線で、手を取り合って歩む姿勢が表れているといってよいだろう。

昭和五十二（一九七七）年、ASEAN発足十周年に際して、福田赳夫首相は、「真の友人として心と心の触れ合う相互信頼関係」を、ASEAN諸国との間に築くと述べた。この方向性は、「福田ドクトリン」と称され、今日まで語り継がれている。

それから三十年、日韓、日中の間では、今や、それぞれ年間四百万人が往来している。若者文化は国境を越え、地域全体の共有物となった。日本のファッション、音楽、映画やアニメが中国や韓国の若者たちの憧れになり、逆に韓国からも映画、テレビドラマ、音楽がどんどん流入してきている。今後、中国からも今以上に様々な文化が入ってくるだろう。情報化が進んだこともあり、アジア諸国民は史上初めて、互いによく似た生活様式を享受し、同じ夢を夢見る時代を迎えようとしているのだ。

もちろん、各国の独自の文化は必要だし、なくなることもないだろう。それでも、ある程度の文化を共有する流れが止まらないことは疑いようがない。

こうした気運をとらえ、私は今こそ、中国、韓国、ＡＳＥＡＮ諸国との青年交流を一層強化すべきだと考えている。

過去の歴史において、とりわけ韓国、中国の人々に対して与えた苦痛を重く受け止めるとともに、日本はこれらの人々にいつも反省の気持ちと、隣人としての思いやりを持ち続ける必要があると思う。けれども他方でまた、両国の人々に対しては、日本の歩みを、戦後六十年全体を通して見て欲しいと望まずにはいられない。

次の英語は、私がよく使う表現である。

Peace and Happiness through Economic Prosperity and Democracy.

「経済の繁栄と民主主義を通して、平和と幸福を」という意味だ。

これこそ、戦後の日本で六十年間、日本人が、いわば一心不乱に追求してきたモットーであり、アジア各国にも理解される、普遍的な考え方である。平和を希求し、過去の過ちを繰り返すまいとする私たちの心情に、いささかの偽りもないことは、事実の集積が雄弁に物語っているのではないだろうか。

第二章　日本の底力

ニートも、捨てたもんじゃない

平成十八（二〇〇六）年九月、自由民主党総裁選挙に立候補した。結果は残念ながら二着に終わり、悔しい思いをした。しかし、大きな収穫もあった。十二日間の遊説で大阪の茨木、北海道の札幌、神奈川の厚木、さらに東京では秋葉原駅前、巣鴨の地蔵通り、数寄屋橋、浅草の雷門の街頭に立って、今国民が何を求めているか、以前にも増して感じることができたことだ。

それは、若者も老人も、「明るい未来」について聞きたがっているんじゃないか、ということだった。政治家、特に野党は「日本はこんなに駄目な国だ」「日本はお先真っ暗だ」といいたがる。

もちろん、先の心配をするのは政治家の大切な仕事だろう。しかし、そんなに心配ばかりして、「下を向いて歩こう」でいいのかとも思う。

私は、日本は素晴らしい「底力」を持っていると確信している。これは何も国粋主義とかそんな野暮なものではない。実際に持っているのだ。秋葉原で集まってくださった若者の多くも、そして巣鴨に集まってくださったご老人も、みな「底力」を持っている。少なくともそう考えてみたほうが、「駄目だ、駄目だ」の野党流よりも、元気がでるんじゃないか。そう思うのだが、どうだろう。

ここからしばらく、日本にいたら気がつきにくい、世界も注目している日本の底力について考えてみたい。特に、いろいろとネガティブな注目のされ方をすることの多い、「若者」と「老人」について考えてみたい。私は、彼らだって捨てたものじゃない、と思っているからだ。

世間一般で言われている「正論」とは異なる「異論」かもしれないが、ときに極端なことを考えてみることで、新しいアイデアも浮かぶのではないかと思うのである。

まず、日本の底力に触れる前に、若者、中でも、ここ数年問題視されている「ニート」と呼ばれる人たちを通して、現代日本の現状を俯瞰《ふかん》してみたい。

「Not in Employment, Education or Training」の頭文字を繋ぎ合わせて「NEET」。訳せば「働きもせず、学校にも行かず」だから、昔風の言葉で「スネかじり」といったところだろうか。落語に出てくる「若旦那」もこんなものだったのかもしれない。

江戸時代ならいざ知らず、少子化傾向の昨今、若い労働力が何もしないでフラフラ過ごしている。これを経済的観点から「もったいない」と考えるのは、大人側の論理としては正論だろうと思う。

私も決して子供や孫に「ニートを目指せ」とは言わない。しかし、ここではそんな「正論」だけではなく、別の角度から彼らのことを考えてみたいのである。

日本は天然資源に恵まれず、古来より、つつましく互いに助け合っていく以外、生き残る方法はなかった。そして江戸時代までは、「つつましく」で何とかなった。だから鎖国していても十分やっていけた。

しかし、江戸から明治へ時代が大きく移り変わる頃、近代工業化社会という、これまでとはまったく異なる新しい概念が日本に入ってきた。それは過渡期を経て、一九七〇年代後半から八〇年代にかけて、成熟期に入っていった。モノの豊かさを達成することが喜びや幸せだった時代が終わり、その頃から、「一億総中流」という意識に、日本は覆われていった。欲しいモノはひと通り手に入れてしまい、何が幸せなのかを判断するのは、人それぞれになっていった。

時代はさらに進み、工業化社会の成熟期も通り過ぎてしまった。この数年で情報化社会とかＩＴ社会といわれる世の中になり、価値観も急激に大きく変化してきた。「良い学校に入って、良い会社に行って、良い余生を……」というように、人生を目標通りに歩いてきた大人たちは、ネットだ、チャットだ、ブログだというＩＴ用語にすら対応できず、会社では、窓際に追いやられるか、リストラされていった――。極端に大雑把に歴史の流れをたどれば、こんな風になるのではないか。

そんな世相を見ていた若者は、どういう心理状態におかれたか。その点に目を向けなければ、ニート問題の本質は分からないと思うのだが、いかがだろうか。

平成十四（二〇〇二）年の総務省の調査によると、十五歳から三十四歳までの、主婦と学生以外で働いていない若者の数は、約二百十三万人。そのうち約百二十八万人は、仕事を探しているがなかなか仕事に就けない人たち。残りの約八十五万人は、就職したいと思っているけど就職活動をしていない人と、まったく就職する気がない人で、この八十五万人をニートとするのが、最も多く見積もった場合の人数ということになるらしい。他に六十四万人という数字もある。色々な統計を見ても、ニートの実数や急増を示す根拠はハッキリしない。ニートにせよ、セットで語られることが多い「フリーター」にせよ、いずれの場合も、追い込まれてそうならざるを得なかった者と、あえて定職を持たないと選択した者とがあるように思う。

ニートの典型例はこんな感じだろうか。一般的な家庭で育った一人っ子で、だいたい中学か高校の時に、成績不振、いじめ、教師との相性が悪いなどの事情があって、学校生活に溶け込めなくなった。その後、引きこもっているわけではないが、自分に自信を持てないから恐くて就職もできない。

もしくは、父親のような平凡なサラリーマンコースから逃れようと、音楽や演劇の世界に憧れる。一応、「いつの日かプロに……」などと夢は語るものの、しばらくすると実現できない現実を知る。とはいえもうサラリーマンコースには戻れず、気付いたらニート人生が始まっていた――。

　もちろん、もっといろいろなケースや事情があるだろうから、これはあくまでもこちらで勝手に想定した「モデルケース」である。

　最近、そんなニート解消のためのキーワードとして、「参加させよう」とか「動機づけの手当」などといったことを、よく耳にされるのではないか。確かに、こういう方向は、一見よさそうに思えるかもしれない。だが、参加支援というのはいいが、「どんな社会」への参加を支援しようとしているのか。これから「どんな社会」になるのかが、ニート側に見えていない以上、効果はあまりあがらないのではないか、という気がしてならないのである。もちろん、すでに働いている大人からすれば「社会がどんなものかは、社会に出てみないとわからない。つべこべ言うな」ということかもしれないし、「だらしない」と叱るのも簡単だろう。

　だが、それこそ「情報化社会」となったいま、「参加してみればわかるんだから、つべこべ言うな」では、「納得できない」「自信がない」「怖い」という若者が出てくることもわからないではないのである。単にサボる口実にしている輩《やから》もいるのだろうが、ニートの事情を勝手に勘案すると、こういう面があるのではないかと思う。

時代が急激に変化していく時には、いつの頃も、社会の中で身の置き場に迷う人が多く出たものである。

幕末維新の権力闘争に敗れた徳川幕府の幕臣たちはいうまでもないが、幕藩体制を破壊するのに大いに貢献した官軍側の下級藩士の多くも、近代明治国家の創造後には、地位や名誉だけでなく給与まで失った。中には時流に乗れず居場所を失い、無気力になった者もいたことだろう。敗戦直後の軍人や引き揚げ者、戦災孤児などもそうだったろう。しかし、いずれの時代も、貧しく、生きていくのが大変な時代だったから、甘えたりひねくれたりする暇もなく、怖いと逃げている余裕すらなかった。ただただ懸命に生きて行こうと努力していた。

それに比べ、今は豊かで、親がいれば食うには困らない。パソコン一つあれば、相当な質と量の娯楽を享受できる。こんな時代に、「働く意欲がないのは中流でなく下流だ」などと、不安を煽《あお》っても、あまり意味がないのではないだろうか。

誰もが「こんな仕事をしたい」という理想の仕事に恵まれて、それによって自己実現ができれば幸せな話である。そして社会を、その状態にできるだけ近づけていくように努力するのは、政治家の大切な責務だろう。

だが、残念ながら現実の人間社会は、まだそこには到達できていない。それは一挙に実現できるものでもないし、おそらく百パーセントの人が満足して、仕事で自己実現できる社会というのは不可能であろう。

しかし、ニート問題について、往々にして、彼らに「自己実現」という高いハードルを設定しているような論が見られる。

むろん、ニートが社会に参加していくことには大賛成である。が、その議論の前提として「すべての人が仕事での自己実現をすべきだ」などという極端な理想論を置くのはいかがなものだろうか。それではむしろ、世の中に失意と落胆が満ち溢れる結果しか生まないのではないだろうか。

豊かな時代には、「自己実現」を達成したくて頑張る者は、思う存分やればよい。しかし、すべての人に創意工夫を求めて「自己実現」を要求するのは、間違っているのではないかとも思うのである。

今の世の中、餓死する程の貧しさが存在する訳ではない。ニートはニートのペースで生きていくことを認めてもいいのではないか。あれもスローライフの一種だ、くらいの余裕を持ってみることも、たまには必要なのではないだろうか。六本木ヒルズに住むだけが幸せの証しじゃないのは、ホリエモンを見れば明らかである。

だから私自身は、安易に「負け組」などという言葉を使う風潮も気に入らない。「負け組」を応援するという大義名分で、収入が低い人に新しいレッテルを貼って差別しているんじゃないか、という気がしてならないからだ。八十年余りの人生を終える時に、「幸せな生き方だった……」と感じられるかどうか、それはカネだけの問題ではない。

国、政治家ができることを放棄するつもりはない。ニートの生活を支える親の世代もいずれは死んでしまう。そのときに、ニートから抜け出せる方策を作っておくことは、政治家の仕事だと思う。しかし一方で、人様の生き方にまで国家がとやかく枠をはめてしまうこともないと思えてならないのである。

若者のソフトパワー

何もニートの弁護人を買って出たいわけではない。ただ、そんなに目くじらを立てなくてもいいのではないか、と思うのだ。なかなかどうして、大人が思う以上に日本の若者はとてつもない可能性を秘めているのである。

海外での日本のイメージといえば、従来は「ものづくりの国」だった。細かい手作業ができる職人、匠《たくみ》のいる国という古くからのイメージもあれば、トヨタやソニー、キヤノンなど、大企業のイメージもあるだろう。

ところが、平成十五（二〇〇三）年八月、歌手の椎名林檎《りんご》さんがアメリカの有名な週刊誌『ＴＩＭＥ』アジア版の表紙を飾った。彼女は、横文字よりも漢字を多用した独特の歌詞で人気を博している。

この号の特集のタイトルが「JAPAN RULES OK!」。「日本流でいいとも！」ということだろうか。記事には「アメリカ人は日本がハードの国だと思っているけど、その考え方は捨てなくてはならない。日本の最大のパワーはソフトだ」と書いてあった。椎名林檎はまさに、日本が誇るソフトパワーだというのである。さらに記事はこう続く。

「アジアの街でドナルドダックやミッキーマウスを見かけることは少ない。ポケットモンスターやドラえもんがあふれている。メイドインジャパンの、海外でものすごく人気のあるアニメーションのキャラクターだ。そしてJapanese pop musicのことをJポップ、アニメーションをジャパニメーション、ファッションをJファッションと呼ぶ。このスリーJでアジアは完全に席巻されている」

「アメリカ人が誇りに思っていたディズニーのミッキーマウスやドナルドダックがアジアの隅に追いやられ、ポケモン（ポケットモンスター）やドラえもんなどのメイドインジャパンのアニメキャラがこれに取って代わった。

ポケモンやドラえもんが、アジアの子供たちの心をつかんで離さない。ポケモンは言葉を話さないが、それでもなぜだか心が通じ合う。これは、会話なしでもコミュニケーションがとれる日本文化の特徴だ。言葉をもってすべて説得していくというアングロサクソン的手法でなく、話をしないでお互いが分かりあってしまうのだからすごい」

こうほめられると悪い気はしないが、記事にはこういう指摘もある。

「日本のサブカルチャーの持っている力を、日本人自身は全く理解していない」

この記事に補足して、皆さんに知って欲しいこともある。

日本経済は長いこと低迷していた。それにつれて日本語に興味を持つ外国人も減っただろうと思うかもしれないが、実はアジア諸国を見渡すと増えている。外務省関連の独立行政法人国際交流基金の調べによると、平成二（一九九〇）年に九十八万人だった日本語を学習する子どもたちの数は、平成十五（二〇〇三）年に二百三十五万人と、倍以上になっている。

理由はいたって簡単で、一つは、テレビから流れてくるアニメの主題歌が日本語だということ。次にテレビゲームだ。子供の中の英雄は昔から、遊びのうまい奴だった。今は万国共通で、新しいゲームソフトを最初に攻略して、仲間に教えられる奴である。プレイステーションなどのゲームソフトの攻略本は、最初に日本語で出版される。テレビゲームを他の人より早く攻略するには、日本語の攻略本を買って、必死こいてでも日本語を読むのが一番手っ取り早い。だから今、日本語熱が凄い。日本のポップカルチャーが自然に、子供たちの間に日本語に対する関心を生んでいるということになる。

興味深い数字はまだある。チュラロンコン大学という、タイで最も古い大学の女子学生百人に「あなたは生まれ変わるなら、どこの国の男性か女性に生まれたいですか」と聞いた。すると、三十二パーセントが「日本の女性」と答えたというのだ。

その理由は「一番いいものを着ていて、一番格好良く、一番カネ払いがいい」からである。今風の言葉でいえば、セレブとか、「エロかっこいい」といったイメージがあるのかもしれない（まあ、軽く見られている気がしないでもないが……）。

実際にバンコクの街の書店では、日本のファッション雑誌が日本語のまま店頭に並び、これがまたよく売れるという。これも日本のソフトパワーの一つと呼んでいいだろう。

椎名林檎さんのようなJポップも、同じようなパワーを持っている。音楽のパワーが侮れないのは、エルビス・プレスリーと小泉純一郎前首相の関係をみれば一目瞭然だ。

私の時代には、プレスリーは世界を席巻する大スターだった。「ラブミー・テンダー」「監獄ロック」「ハウンドドッグ」……。日本語じゃ格好悪いから、皆、発音をカタカナに直してでも、一応、英語で歌った。小泉さんに至っては今でも歌っていた、いや踊ってさえいた。この少し後の世代には、ビートルズが大変な影響を与えた。

同じことが今、アジアでも起こっている。どこの国のカラオケに行っても、日本語付きの画面が出てきて、椎名林檎や宇多田ヒカルの歌を、皆が気持ちよさそうに日本語で歌っている。意味はよくわからなくても、やはり歌は原曲通り歌うのがカッコいい。Jポップを通じて、日本の若者文化が世界に広がっていったわけである。「近頃の若い者の歌はよくわからん」とお嘆きの方も多いだろうが、そんなことは昔から言われていた。そうやって時代は変ってきた。プレスリー全盛の頃、まさか日本の内閣総理大臣が、それを歌い踊る日が来ると、当時の大人たちは思わなかったことだろう。最近では、アメリカにもJポップのファンがいて、中には「Jポップの歌手になりたい」といって来日するアメリカ人までいると聞いた。

私とて、何も若者ぶるつもりはない。いわゆるJポップよりは、昔の音楽のほうが好みである。それでも、アジアをはじめ世界中が、日本の若者文化に注目してくれているということは、素直に喜びたい。

もちろん、若者の音楽ばかりが受けているのではない。反日感情が高まって、中国の重慶のサッカー場ですごい騒ぎになったのとほぼ同じ時期に、谷村新司さんは上海で十万人を集めて野外コンサートをやった。エンディングで歌ったのが「昴」。観客の九十パーセントが、スタンディング・オベーションをしながら、日本語で歌ったという。騒ぎを起こしたのも中国人ならば、「我は行く〜」と大合唱したのも中国人である。

当時、日本のマスコミは重慶ばかり報道していたけれども、こちらの話も扱ってくれないと公平さを欠くのではないだろうか。冷静に世界を眺めてみると、実は日本文化というのがとてつもない力を持っているということが分かる。世界中が日本のサブカルチャーに注目している。

そして、その主な担い手は若者たちだが、もう少し時間をさかのぼって考えてみると、これらのサブカルチャーを、世界中が注目するカルチャーに育ててきたのは、実は、今この本をお読みの皆さんではないか。

「団塊」「しらけ」「新人類」「おたく」などと十把《じっぱ》一絡《ひとから》げにされ、伝統的な日本を破壊する「今時の若者」と嘆かれた世代の作ってきた文化に、アジアのみならず世界中が熱い眼差しを送っている。そう考えると、ニート世代が新しいものを作り出してくれる可能性は大いにあるのではないか。

日本がロボット大国である理由

総裁選に絡んで、いやそれ以外のときでも、私については「マンガ通」「マンガオタク」といった切り口での報道が目に付いた。通かオタクかは知らないけれども、マンガ好きなのは事実であるし、隠してもいないから問題はない。ネット上の百科事典でも、『ゴルゴ13』のファンだ、『風の大地』の愛読者だ、と書かれている。

以前ほどではないにしても、今でも「マンガなんて子供の読むものだ」と思われている方もいらっしゃるだろう。そうでなくても、「政治家が夢中になるものかね」と思われているかもしれない。

いい歳したオッチャンが、老眼鏡をかけてまで電車の中でコミックを貪《むさぼ》り読んでいるサマは、まことに嘆かわしい限り、テレビの影響による活字離れに加え、一層の活字離れが顕在化してきている、と眉間《みけん》に皺《しわ》寄せておられる方も多いと思う。「麻生はマンガばかり読んでいる」といった報道にもどこか、マンガへの蔑視があるのかもしれない。

だが、マンガにはマンガの効用もある。それも、現在の日本を左右しかねないほどのパワーである。

ここで話は飛ぶのだが、世界の中で日本はロボットの普及率が最も高い国である。工場で使われている産業用ロボットの数は世界一だ。全世界で稼動している産業用ロボットは約八十五万台だそうだが、実にその四十二パーセントが日本にあるという。ロボットのある場所は、いまや工場の中だけではない。回転ずしを作るロボットもあれば、ネギを切りそろえるロボットもある。少し前にはソニーの「アイボ」という、ペットの犬のような形をした「家庭用ロボット」がけっこうな人気を博した。ホンダは「アシモ」という二足歩行ロボットを開発した。最初は歩くだけだったのが、今では走れるという。

また、テレビで「ロボコン」という番組をご覧になったことのある方もいるかもしれない。高等専門学校の学生たちが、自分たちの力だけで作ったロボットで競技をする「ロボットコンテスト」だ。彼らの奇想天外なアイデアに、驚かされた人も多いのではないか。

日本では、なぜこんなにロボットが普及しているのか。なぜ他の先進国をはるかに超えた「ロボット文化」とも言うべきものがあるのか。この背景には、実はマンガの力があったはずだと私は確信しているのである。

世界に誇るマンガの巨匠、手塚治虫の代表作の一つが『鉄腕アトム』なのは、ご存じの通りである。また藤子・F・不二雄には『ドラえもん』という名作がある。

漫画史に燦然《さんぜん》と輝くこの二つの作品に共通するのは、ロボットが、人間が困ったときに助けてくれるものとして描かれている点である。もちろん例外もあるとはいえ、日本人のロボット観は、基本的に「人間の友だち」である。実際、日本のロボット開発者は、必ずといっていいほど、アトムのようなロボットを作りたい、という思いが動機になっているようだ。いかにマンガの影響が大きいかわかるだろう。

一方、欧米はもう少しロボットというものに懐疑的だ。何でもチェコ語で「強制労働」を意味する「ロボッタ」がロボットの語源だそうだ。

つまり、イギリスの産業革命以降、機械がやがて人類の未来を支配するというイメージが、欧米人には根強いのではないか。ロボットの持つイメージは暗く、非人間的なもの、人間性とは相容れないものとしてとらえられている。象徴的なのが、チャップリンの映画『モダン・タイムス』かもしれない。あの映画の中で、チャップリンはオートメーション工場で精神に変調をきたしてしまう。機械が人間性を疎外する、という思想が根底にあるので、ロボットへの「好感度」があがらないのではないだろうか。

ところが日本はといえば、産業用ロボットが高度経済成長期の人手不足を補うところからスタートして、世界一のロボット利用国、生産国になった。誰のお陰かと元をただせばマンガではないか、と思うのである。

マンガの効用はこれだけではない。「マンガオタク」といわれている以上、もう少しそのパワーについて説明させていただきたい。

マンガの弊害は、往々にして「活字離れ」とセットになって語られる。もちろん、マンガばかり読んでいて本を読まないのはいいことではないかもしれない。

それでは、源氏物語の絵巻物はどうだろうか。物語と絵が交互に描かれていて、臨場感を高めている。考えようによっては、マンガと同じような効果を狙ったものだ。文章をビジュアル化している点では、コミックの元祖のようなものといえるのではないか。

他にも「過去現在因果経」というお経には、上段に画を描き、下段に字を書いた、「絵因果経」と呼ばれる写本がある。作者の意図がビジュアル化だということは、はっきり分かる。

　また、源氏物語ではないが、江戸時代の大ベストセラー『偐紫田舎源氏《にせむらさきいなかげんじ》』も絵の入った庶民向けの読み物だった。写楽、北斎、広重などが活躍した江戸時代には版画の技術が独特の進化を遂げた。すべてがカラーだったわけではなく、一色刷のほうが多かったが、道徳の教科書のようなものから、笑える小咄《こばなし》や、色っぽいものまで、ありとあらゆるジャンルの絵入りの読み物が、庶民の間に深く入り込んだのが江戸時代だ。

　ことほどさように、日本人には、分かりやすい絵で説明するという伝統があるわけだ。活字派からコミック悪玉論が声高に叫ばれても、その流行は決して伝統の破壊ではない、ということだけは申し上げておきたい。

　むしろ、実際にこれだけ流行しているのだから、マンガの持つ良さを一度認識されてみたらいかがだろうか。

　たとえば、藤原隆能《たかよし》作の『源氏物語絵巻』を読まれるのもけっこうだけれども、その前に牧美也子さんがマンガ化した『源氏物語』を読んでみてはいかがだろうか。『三国志』も様々なヴァージョンがあるが、横山光輝のコミック版も、なかなかの作品である。

コミックは、分かりやすくするために一部を誇張してビジュアル化したりするから、人間の思考力を衰えさせ、想像力を養うためには妨げになるという批判もある。しかし、考えてみれば、文字でも似たような問題はある。読む側にまったく考えさせない活字媒体もあれば、高い思想性を要求するコミックだってある。問題はジャンルではなく、質である。

小林よしのりさんの『戦争論』は、並の活字本よりも文字が詰まっている。若い人に戦争の意味を直接問いかけた名著だが、なんと六十五万部も売れている。あるいはかわぐちかいじさんの『沈黙の艦隊』、弘兼憲史さんの『加治隆介の議』も、政治家に対して防衛とは何か、国家とは何かということを質《ただ》した力作。このように高い思想性、政治性を読者に要求しながら、かつ面白く読ませるのが質の高いマンガの良い点である。

いろいろ御託を並べてしまったが、コミックは一概に否定されるべきものではないということは強調しておきたい。

ベルリン国際映画祭で、『千と千尋の神隠し』が高い評価を得、国内では『タイタニック』を上回る映画史上最大の興行収入を上げたことは記憶に新しい。アメリカでも常に映画の興行成績の上位に長編アニメ映画が入るようになった。『ライオン・キング』の「元ネタ」が手塚治虫の『ジャングル大帝』なのは有名な話である。映画『マトリックス』の製作者も日本のマンガの大ファンだそうだ。

日本のマンガやアニメ、ポップス、ファッションなどの若者文化は国境を越えて、世界中の若者の価値観に影響を与えているといっても過言ではない。近頃では、日本ブランドの浸透力からすれば、トヨタやソニーなんかよりも、サブカルチャーの勢いのほうがすごいんじゃないかと実感することもある。

我々は普段意識すらしていないけれど、むしろ外国人の方が、日本のとてつもない力を評価するようになってきている。これを使わない手はない。

3J、つまり「ジャパニメーション」「Jポップ」「Jファッション」がアメリカのサブカルチャーに取って代わるようなことがもしあれば、どれくらいとてつもないことになるだろうか。それを考えれば、マンガをそうそう軽視できないだろう。

たとえば、サッカーのワールドカップで活躍したフランスのジダンやイタリアのトッティがインタビューで、「あなたは何をきっかけにサッカーを始めましたか？」と聞かれて、二人とも同じことを言っている。

「きっかけは『キャプテン翼』だ」

彼らは、日本のアニメを見て、サッカーをやるようになったというのである。もしかすると日本の首相の名前は知らないかもしれないが、『キャプテン翼』は知っている。

イラクで活動した自衛隊の給水車には、イラクと日本の国旗が貼られていたが、実はそれよりも大きく『キャプテン翼』のロゴマークも貼ってあった。これだけで一発で日本だと分かる。そして、「『翼』を生んだ国ならば、そう悪い奴はいないだろう」となる。

こういった一つ一つのことが日本の国力につながっていくわけである。だから、日本の若者、彼らが作り出す新しい文化にもっと期待してもらっていいと思うのである。

私は劣等生だった

私自身、若い頃を振り返ると、あまり出来のいいほうでなかったのは間違いない。

私には一歳半年下の弟がいた。この弟は勉強もスポーツもできる優等生だった。兄の私はといえば、中学で百四十五人中百四十番という成績だったぐらい、高校に入学するまでは、自慢じゃないけれど劣等生だった。学習院という学校は、ちょっと油断すると実に簡単に落第させられる厳しい学校だった。だから、落第したら弟に追い抜かれるんじゃないかと思って、落第しない程度には勉強した。そんな出来の兄貴であった。

同じ父母の間に生まれ、同じ屋根の下で育てられても、人間は平等には育たない……、ということを幼少期に知ることができたのは、人生において貴重な経験だった。今では私の財産になっている。

子供の頃から、自分より勉強ができる奴、運動がうまい奴というのはたくさんいた。そういう奴らに対して、どうやれば負けないか、そんなことをよく考えていた。とりあえず、弟に対して、喧嘩だけは絶対に負けないようにした。それで何とか兄貴の権威を守ったわけである。

小さい頃から、「人間は生まれながらに平等」なんていう言葉に、素直に納得できない劣等生だったから、というわけではないが、ここで教育について考えてみたい。

いきなりで恐縮だが、たとえば、義務教育は本当に九年間でいいのだろうか、と考えられたことはないだろうか。

平成十八（二〇〇六）年十二月、約六十年ぶりに、教育基本法が改正されたが、ここに至るまでの幾多の議論を経てようやく、戦後の教育体制を見直してもいいのではないか、という機運が高まってきた気がしてならない。

戦前の義務教育は小学校六年生までだったが、戦後は中学校まで延長された。ここであえて暴論を承知でいえば、義務教育が三年間延長されたからといって、戦後の教育が戦前よりよくなったと確信を持って言える人はどのくらいいるのだろうか。

たとえば、社会人になって因数分解を使ったことがある人は、どれだけいるだろうか。義務教育では、読み・書き・計算に、今なら英会話が少々できるようになればよいのではないか、と思う。それ以外には、人間として社会生活を営んでいく上で、最低限のルールや作法、挨拶などを、きっちり教えておくこと、あえていえば「躾《しつけ》教育」の方が重要性が高いと思うのだ。

「暴論」の誹《そし》りは甘んじて受けるが、中学校を義務教育からはずしてみたらどうなるのかを考えてみる。それで小卒者が増えるかといえば、おそらくそんなことにはならないだろう。現在の高校進学率は九十七パーセントだから、仮に義務教育から外しても、中学進学率がそれより高いことは容易に想像できる。

一方、義務教育から離れることで、希望に応じて中学生からでも職業教育の実技を教えることができるようになる。モノづくりの基本を若いうちに学ぶため、近くのお店の人、職人さん、工場に実習を頼めば、喜んで教えてくれるに違いない。そんな体験を経て「この道で行こう」というものが見つかった子供は、中学を卒業したら働けばいい。

サッカーのカズこと三浦知良《かずよし》選手は、子供の頃から「プロサッカー選手になる」と決めていたそうだ。いったんは高校に入ったものの、すぐに中退してブラジルに単身サッカー留学に行った。その後の大成功はご存じの通りだが、彼に学歴がないなどと批判する人はいない。

もちろん、彼のように特殊な才能に恵まれた人は稀有《けう》かもしれない。しかし、私は選択の自由こそが大事であるということを前提に考えていきたいのである。

戦後、民主・自由・平等を掲げて進められてきた平準化教育は、まだまだ近代工業化社会の発展途上にあった日本には適していたのかもしれない。最も必要とされた労働者、サラリーマンを量産する上では、実に優れたシステムだったからだ。

敗戦後、戦略的に産業を選び、集中的に成長させる官僚主導経済統制で、日本は奇跡の復活をし、経済繁栄を果たした。少しでもいい成績をあげ、少しでもいい高校、大学に進み、少しでもいい会社のサラリーマンになるというコースは、官僚統制経済がうまくいっていた時代には、生活の向上に直結した。この戦後の歩みは誇るべきものだが、冷戦が終結したあたりから、いろいろと歪《ゆが》みが表面化してきた。

現在、働く人の七割以上がサラリーマン、自営業者は二割となっている。ちなみに、天皇皇后両陛下がご結婚された昭和三十四（一九五九）年には、サラリーマンは四割、自営業者が五割だった。この比率を見てどう思われるだろうか。

もちろん、サラリーマンの増加が悪いといっているわけではない。事実、サラリーマンといっても、事務や営業から、研究開発、パイロットまで、その幅はとてつもなく広いし、私たちの世代は、それで成功してきたわけだから、悪いわけがない。しかし、子供たちの将来のことを考えるとどうだろう。

サラリーマン以外の選択肢があまりないように見える社会には、魅力を感じることができないのではないか。いい会社に入るためには、どうしてもある程度の学歴が必要になる。ニートが増加する原因には、この辺りのことがあると思うのだが、どうだろうか。これからは、基礎をしっかり教えた後は、より多様化された選択肢があることが望ましいと思う。中学生くらいですでに大人なみのパソコンの知識がある子供もいるだろう。それならばその才能を伸ばせばいい。

人間は生まれながらに異なるもので、兄弟でも能力が同じなんてあり得ない。数学はできるが英語は駄目、音楽はいいがスポーツは駄目など。それを無理に義務として一緒に高等教育する必要は全くない。

それぞれの習熟度に応じてクラス分けをするのも一案だろう。普段は同じクラスでも数学ではある子はできるクラスに行き、英語になれば別の子が上のクラス、という風にしたらどうだろう。子供たちは、平等の機会は与えられているが、結果は必ずしも平等にはならないことを学ぶのではないだろうか。

自分が子供心に弟から「不平等」を教わったからだろうか。私は戦後の日本にはびこっている「平等」への信仰に対し、それは建前、偽りではないかと、常に疑問を持ち続けているのである。

考えてみていただきたい。仮に人類がみんな同じような財産を得て、いわゆる「格差社会」がなくなったとしても、別の格差が必ず生じる。たとえば美しい人、そうでもない人の不平等は自ずと発生する。美女や美男は配偶者に恵まれやすくなり、そうじゃない人には、声に出さなくとも「不平等」との思いが芽生えてくる。

教育でも同じことが言える。学校での成績、有名大学卒業という経歴……、そんなものが実社会では大して役に立たないことは、オウム真理教の騒ぎを見れば一目瞭然である。そもそも一緒に働きたいのは、高学歴者ではなくて、「気持ちのいい人」「波長の合う人」である。

だからこそ、人間として最低限必要なことは身に付けさせなければいけない。そうしないと「専門バカ」のような人間ばかりになってしまいかねない。だから一方で躾などの基本を叩き込むべきだと考えるのだ。

それに加えて、家庭での躾教育、社会教育で習う公共心、道徳心、倫理観は現行の学校教育以上に重大だと声を大にして言われたらいかがだろうか。

いささか脱線の多い議論になってしまったかもしれないが、元劣等生の異論だと思ってご容赦いただきたい。大人が勝手に決めた「平等」な教育の結果として、有能な若い人が何となく自信をなくし、生きる方向を見失ってフラフラしているのを見るのはとても残念でならないのである。

第三章　高齢化を讃える

若さは至上か

昨今の日本では「老い」が嫌われ、「若さ」がよいとされる風潮が強いようである。塩川正十郎さんや渡部恒三さんのような、例外的に人気を博す方もいないわけではないが、基本的には政治の世界でも、若返り人事がよしとされる。女性に限らず男性もエステが大流行で、若くて見栄えのいいのがよく、老けておじさん臭いのは敬遠される。「加齢臭」などという言葉が広がって、しかも忌《い》み嫌われるようになったのも最近のことである。

確かに若さは重要である。特に近代工業化社会では、労働生産性が重んじられ、肉体的に若くて丈夫な人間が尊重されてきた。明治維新以降、日本は西洋並みの近代工業化社会に一日でも早く到達すべく、文明開化、富国強兵、殖産興業と百年以上も同じ精神でやってきた。その結果、いつの間にかそれが絶対の真理というか、本来の姿と思ってしまった。どこか、前述の古い「平等」主義にも似た構図である。

若さを至上のものと考える、いやそこまでは行かずとも「若いって素晴らしい」ということを当たり前のように考えてしまうと、当然、その弊害が出てくる。つまり、少子高齢化が進み、高齢者の比率が高まっている日本社会の将来イメージが、総じて経済成長のない、暗く貧しいものになりやすいのである。

事実、マスコミや役人、政治家、学者など、世の中に少なからぬ影響をそれなりにお持ちでも発想はあまり豊かでない方々の、高齢化社会のイメージは総じて暗く貧しい。もちろん「老いても元気で」式のことを言う人は多い。しかし、どこまで本気なのか、いささか怪しい。だから老人についての言説は往々にして画一的になっていて、日本社会の未来をいっそう夢のないものにしているように思われる。

「そんなことはない。老人の素晴らしさを私たちは知っている」という方がいるかもしれない。それならなぜ「少子高齢化」について、ネガティブな物言いだけがはびこるのだろうか。少子高齢化とはすなわち「老人が多い社会」の到来である。それが問題だというのは、つまり「老人が多い社会は良くない」といっているも同然ではないか。

物事には常にプラスとマイナスがある。高齢化社会は暗く貧しいといわれたら、果たしてそればかりかね、と疑問を持たなきゃいけない。大体、すべての大人は子供を経験したことはあるけれども、老人を経験したことはない。私も含めて、現在働いておられる方々のほとんどは、本当の意味での高齢を経験したことがない。それなのに、勝手に将来が分かりきったような話をするのは僭越《せんえつ》だろう。だから私は、あえてここで「少子高齢化でもいいじゃないか」という話をしてみたいのである。

自分のまわりをよく見渡していただきたい。マスコミは、働く世代が退職者、高齢者の面倒をみる形の社会福祉の充実を叫んでいるが、実態はどうだろう。家族を観察してみれば、話が正反対なのがよくわかる。おじいさんやおばあさんが若者、すなわち子供や孫に小遣いという名の経済援助をしている。孫ならいいが、いい年こいて、大人になっても親から小遣いを貰っているなんてことも珍しくないだろう。

平成十八（二〇〇六）年度版「高齢社会白書」によれば、平成十六年において、世帯主の年齢が六十五歳以上の世帯の平均貯蓄金額は二千五百四万円、四千万円以上の貯蓄のある世帯は、六十五歳以上世帯の二割弱にもなる。かたや、借金を見ると、負債残高百万円未満の世帯が九割だという。さらに資産はどうかというと、高齢者夫婦世帯の住宅・宅地資産は、平均が三千五百八十万円、十七パーセントが五千万円以上だ。

これに加えて、今の高齢者には年金がしっかり支給されているし、高齢者の半分近くは就職を希望している。

この世代は高度成長のいい面ばかりを享受してきたのだから、これから高齢になる世代とは違う、という意見もあるだろう。また、今現在、持ち家も貯蓄もなく、年金も十分にもらえていないという高齢者もいるだろう。そういう人たちについては、政治がきちんと責任を取らなければならないが、これからは、高齢者が労働力不足を支え、消費を引っ張り、少子化をしっかりとカバーしていくという未来も、十分にあり得る話だと思う。

江戸時代の話をしても無意味かもしれないが、将軍の下に「老中」「若年寄」という役職があった。「老」とか「年寄」という名前がついているので、なんとなく、白髪のおじいちゃんがやっているイメージがあるが、実際には三十代四十代の働き盛りが多かった。「老」というのは、いわば尊称だった。

科学技術で解明できていないことも多く、昔のことを知っている、つまり、さまざまな経験を積み、先例を知っている長老は、大事にされ、尊敬されていたということも理解してもらえれば、高齢者への見方も変わるのではないだろうか。

年を重ねることは、決して悪いことではない。二十年前の自分、三十年前の自分と、今の自分を比べてみたらいい。どうだろうか。成長している自分を実感するはずだ。私は、老化は退化ではなく、どこまでも進化だと思っている。

「高齢化」を暗黒の未来のように考えることは、実は自分の未来を暗いと考えるのと同じことだ。そんなバカげた考えは、即刻捨てた方がよい、と申し上げたいのである。

還暦過ぎたジョン・レノン

平成十七（二〇〇五）年十月現在、六十五歳以上のいわゆる高齢者とされる人は二千五百六十七万二千五人で、総人口に占める割合は二十パーセントを超えた。そのうち百歳以上の方は二万五千三百五十三人になった。私もその高齢者に数えられている。

政府は、このような人口統計に基づき、社会資本の充実とか、社会保障制度の確立などの名目を立て、特殊養護老人施設など、いろいろな制度や施設を作ってきた。

しかし現実にはご家族やご近所が迷惑しちゃうくらい元気なじいさん、ばあさんがいっぱい。政界にも元気な老人があふれている。皆で面倒をみなくてはいけない「弱者」であるはずの老人が、どうしてこんなに多く街を出歩いているのか。

「高齢者」＝「弱者」というのも、繰り返し述べているレッテル貼りが原因である。実は二千五百万人を超える日本の高齢者の中で、寝たきりとか老人性痴呆などの比率は十五パーセント以下。実に八十五パーセントの老人は元気なのである。

日本の総人口に占める高齢者の比率が五パーセントくらいの頃は、老人はそれだけで貴重な存在であり、それなりに大切に扱わなければならないと大抵の人は思っていた。また、老人の方も慎ましくひっそりと、社会の邪魔にならないように生活していた方々が多かったように思う。「隠居」などというのがその好例である。

しかし、人口に占める割合が二十パーセントにもなり、あと十年もしないうちに二十五パーセントになる。国民の四人に一人が老人という時代になれば話は違ってくるだろう。それまでの「老人観」は通用しなくなる。

私は昭和十五（一九四〇）年、戦争の始まる前年に生まれた。多くの若者から見れば「じいさん」に違いない。しかし、その年に生まれたのが、あのビートルズのジョン・レノンだと聞いたらどうだろうか。彼と私とは一か月しか誕生日が違わない。不幸な亡くなり方をしたけれども、健在だったら、きっと彼はまだ新しい音楽を作っていただろう。思いっきり単純化していえば、「老人」と一口に言っても、すでに俳句や詩吟よりロックンロールの世代になっているのだ。

さらに私たちの世代の一つ前は昭和ひと桁、例の「過労死」という言葉を世界に広めた世代である。世界で一番勤勉な人たちといってもいいだろう。

ロックンローラーや過労死するほど働く人が、周囲に大勢居る。この人たちが、昔のご老人のごとく、ご隠居然として老後を送るとは考えにくい。若者、中年も一緒になっていろいろと考えて、行動を起こすことを考えるべきだ。

加えて、日本の高齢者は世界一お金を持っている。

自分は時代に取り残されたと思い、何となく社会に遠慮していたのは、高度経済成長以前の高齢者の話である。バブルが崩壊して不景気になった昨今では、若者の方が高齢者を羨《うらや》んでいる面がある。

会社が倒産する前に退職金をもらい、マイホームのローンを済ませ、加えて年金を貰っている現実は、倒産やリストラにおびえている世代からは、まことに羨望《せんぼう》の的になっているということである。

もちろん、ここではあえて極端な論を進めているわけであって、老人の中にも極めて生活に困窮している人はたくさんおられるだろう。重ねていうが、それに目をつぶるなどということを、政治家がしてはならない。

しかし、政治がこれからの高齢化社会を考える際には、これまでのイメージから離れて、もう少し現実を冷静に分析するところから始める必要があるのではないだろうか。

八割以上の人たちは元気で、四十〜五十代の中年層より資産も、下手をすると収入も多い。まずそれを認識して、これまでのように画一的な老人向け政策は改めないといけない。それが困窮している人たちの救済にもつながるはずである。

これにもう一つ、ビジネスの観点から「高齢化社会」の明るい面を見てみたい。

とにかく二十一世紀の近未来に日本に出現する高齢化社会は、世界に前例のない社会となるのは間違いない。二千万人を越す、元気でお金を持った老人市場を持つ国は、有史以来、世界中どこにも存在しなかった。

最近ではシルバービジネスなどという言葉もある通り、昔に比べると老人を「重要な消費者」として認めるようになった。

それにもかかわらず、日本の会社の多くは、商品やサービスの企画・開発部門を若者に担当させている。若い人は実際に身につまされていないから、高齢者が本当に求めている商品やサービスの開発は難しいと、経営者は思わないのだろうか。

レストランでも十年一日のごとく、「お子様ランチ」はあるけれども「老人ランチ」はない。ウソかマコトか、「お子様ランチ」には年齢制限があって、「少量でちょうどいい」と思って老人が頼んでも、「駄目です」といわれたという話もある。「老人ランチ」ではネーミングが悪いなら「シルバーランチ」でいい。入れ歯でも嚙めるおいしいビフテキなどが少量ずつ盛られた「シルバーランチ」のようなものが、これからの売れ筋商品になるかもしれない。

シルバー世代のための商品やサービスがどんどん開発されれば、日本経済は元気になる。活力ある高齢化社会を実現すれば、高齢化の先進国として日本は世界から羨望の対象となり、見習われ尊敬されるようにもなると確信している。しかも先行して作ったシルバー世代用商品はいくらでも、今後世界に輸出できるのである。先進国は多かれ少なかれ、同じ事情を抱えているのだから。

少し前に話題になった携帯電話で、「通話とメール」のみに機能を限定したものがあった。マニュアルを読むだけで一苦労という最新機種の対極にあるこの携帯電話が、高齢者に受けて、かなり売れたそうである。これは「シルバーランチ」に近い発想だろう。

昔の話では、昭和天皇の御容体を速報できるようにするために、深夜に音楽を流し始めたのがきっかけという、ＮＨＫラジオ番組『ラジオ深夜便』は、若者たちのものと思われていた深夜放送の世界で、思わぬきっかけからシルバー向けの需要が発掘された例といえるかもしれない。

また、子供のおもちゃだとばかり思われていたゲームの世界では、「ニンテンドーDS」の、脳のトレーニングができるというゲームが高齢者にも大受けだという。シルバービジネスを考えるということは、ビジネス全般においても大きなヒントを与えてくれるのではないか。

老人の労働力

バブル崩壊から十数年、日本経済は復活の基調にある。もちろん、いざなぎ景気を超えたなんて嘘だ、という人もいる。そのへんの議論は専門家の皆さんに任せたい。ただ、一時期よりも景気が回復していることは、多くの人が納得するのではないだろうか。経済が活性化されれば、当然ながら労働力が不足する。最近の数字をみても有効求人倍率は一倍を超え、愛知や東京などでは二倍に手が届くところまで数字が跳ね上がっている。

こういうときこそ高齢者の出番である。これから六十歳の定年退職を迎える団塊の世代に働いて貰ったらいいのである。元気なシルバーパワーを借りたらいい。その経験と技術力、そして冷静沈着さは、若者にはない、安定した仕事ぶりが期待される。給料は減っても働き続けたいという高齢者は山ほどいるのだ。

実際にこんな話を聞いたことがある。ある運送会社はトラックの増便に人手不足が重なり、事業に深刻な影響が出ていた。そこで定年でリタイアした先輩たちに週三日、再びハンドルを握ってもらうということになった。しかし、高齢者の体力を心配する声があがり、それじゃあ体力テストをやろうということになった。

すると、大半のOBが四十代の現役の人事課長と互角に渡り合った。次に三十代の係長との勝負となったが、驚くことに、ここでも半数のOBが勝ってしまった。結果、この会社は多くのOBの協力を得て危機を乗り切ったというのである。

あるファーストフード店では、八十代の老人が一日四〜五時間、パートで働いているという。立ち仕事をこなしているのだ。さすがにこの世代の人は足腰が鍛えられている。

高齢者は収入の多寡《たか》にはこだわらない。幼稚園や保育園、小中学校などの登下校では、交通整理や不審者対策など子供の安全確保に、「可愛い孫のためだ」といって多くのシルバーボランティアの人たちが活躍している。

学校の治安への不安があるのならば、スクールポリスとして体力、腕力に自信のあるリタイアした警察官や消防士、自衛官の力を借りたらいい。柔道や剣道、合気道など武道の心得もある。

また料理の心得のある人は、グループホームや介護の現場に参加してもらえばいい。実際、岐阜県美濃加茂市の平成記念公園「日本昭和村」では二百人を超えるシルバーボランティアが働いている。竹とんぼを作り、凧を作り、お手玉、卵焼きの作りかたを教えている。みんな若々しく、生き生きして楽しそうにやっているという。この人たちは有償のボランティアだが、それでもコスト的にはずいぶん助かる。

老人が働いて意欲が出てくると、病院に行く回数も減り、逆に税金を納めてもらえることになる。国にとってもこんなに有益な話はない。

仮に、活力ある高齢化社会の創造に日本が成功したならば、世界中の人々が日本に来ることにもなるだろう。以前、あるアメリカ人がこんなことを言っていた。

「日本は地下鉄の中で寝ていても大丈夫なくらい安全な国で、本当に驚いた」

治安が悪くなったとマスコミは言うが、それでも電車で居眠りできる状況なのである。海外の豊かな高齢者に「老後はどこに住もうか。アジアにジャパンという国がある。そこは平均寿命が世界で一番長いらしい。環境もいいところだ。医療制度もしっかりしている。そして、なんといっても治安がいい。深夜、女性が一人で街を歩けるらしい。しかも、街はきれいで、外国人にも親切らしい。そんな国に住もうじゃないか」といわれるような社会——。われわれ日本人が気付いていないだけで、それができる素地は十分あるはずなのである。

もちろん、働きたくない人もいるだろう。「もう十分働いた。年金で何とか生活できる」というわけだろうが、本当にそれでいいかどうか、お節介ながら考えていただきたい。「十分働いた。老後は妻とゆっくり」と思っているのは亭主だけ、というケースは珍しくない。

だが、万が一熟年離婚の憂き目にあったり、伴侶との死別によって一人きりになったとしても、覚悟、心構え一つでどうにかやっていける。働きたくない人に無理に働けとはいわないが、せめて家に閉じ込もらず、どうか遊び上手になっていただきたいのである。経済的な余裕もあり、時間的な余裕もある。ゴルフ三昧《ざんまい》でも構わない。世間の目なんか気にすることはない。いい年してあんなことしてと言われないかとか、これさえやっていれば近所の人から良く言われるんじゃないかといったことばかり考えていたのでは、憂鬱になるだけで楽しく遊べない。

年甲斐もなく……とか、いい年こいて……などといわれても気にせず、学生時代に乗りたくても買えなかったオートバイを六十歳になってから買って乗り回す。若い人じゃ買えないようなモトグッチとか、ウアンビーンなんていう高級なイタリア製のオートバイを購入して、逃げた女房は忘れて、合コンかなんかで知り合った女性を後ろに乗せて、ダンディにツーリングを楽しむ……、そんなことができれば、高齢化社会はバラ色ではないか。

つまり、「悠々自適」なんて言えるカネのある老人には、しこたまカネを使っていただけばよい。元気のある老人には大いに働いてもらって、活力ある高齢化社会を作っていけばいい。そして、何度も言うけれども、本当に恵まれない人たちは、国が責任を持って支えていく。

子供に「いろんな生きかたがある」と教えているのならば、大人も老人も、多様な生き方を示せばいいのである。

第四章
「格差感」に騙されてないか

平等が生み出す不平等

人間は生まれながらにして不平等なものだということを、子供心に実感してきた私としては、そもそも戦後の日本に蔓延《まんえん》する「平等」に対する盲信ぶりに、いささか疑問を抱き続けてきた。

ちょっと乱暴な議論だが、なにしろ、仏教やキリスト教ですら、この世での平等は唱えなかった。彼らが説いたのはあくまでも、あの世での平等、行いがよければ極楽や天国に行くことができるということで、行いが悪ければ待っているのは地獄……。いわば、最後の審判の時には、貧富も貴賤も関係なく、天国に行く「機会」は平等だといっているに過ぎない。だから信じろ、というわけだ。

かたや、この非現実的な平等社会を現世に実現させようとしたのが、マルクスでありレーニンである。彼らは「革命」によって平等な社会を実現できると考えたのだから大胆な話である。

レーニンは、帝政ロシアを倒し、ソビエト社会主義連邦共和国を樹立した。そして、不平等の原因になると考えていた私有財産をすべて廃止した。それだけではなく、指導者に反対する人を何百万人と殺した。

その結果、建前上は、私有財産の不平等はなくなったかもしれない。しかし、権力の不平等という状態はむしろひどくなったのではないだろうか。共産党幹部という特権階級が誕生し、その連中はよい思いをしたけれども、一般国民には何も与えられなかった。

一つの不平等をやめれば、別の不平等が生まれる。これがソ連において、また別の社会主義国において起こった現実だ。

この平等主義思想を作り出したもとは労働価値説だろう。マルクス経済学の中心となる考え方で、人間の労働が価値を生む、というものである。それ自体は正しいのだろうが、この考えの場合、個々の人間の差というものを視野に入れていない。極めて限られた、古いタイプの〝労働〟しかあてはまらないのである。

しかし、それでは現代にはまったく通用しない。GLAYというロック・バンドが、千葉の幕張で開いたコンサートには、二十万人ものファンが詰め掛けたという。随分と興行収入があったことだろうが、仮に私が同じ企画をやっても、義理やしがらみで来てくれるのは、せいぜい二十人くらいではないか。

支援するためのパーティならまだしも、麻生太郎の歌を聴くために千葉の幕張まで出向いて、炎天下六時間も待つというような奇妙なイベントに、高いチケット代を払うバカはいない。

つまり、同じ歌でも歌う人によってチケットの価値も違えば、売れ行きもまったく違う。「労働価値」はまったく違うということである。

たしかに、貧富の差が激しいことは、平等第一と考える「平等信仰者」から見れば許しがたいことだろう。そして何度も申し上げている通り、私は一定の人への福祉、セーフティネットは絶対に必要だと思っている。

ただ、現実に目を向けたとき、アメリカの貧しい人たちが、平等な社会を目指して共産主義のロシアや中国に移民したという話は聞いたことがない。自ら進んでアメリカ人をやめて中国人になったという例を、私は聞いたことがない。その逆は限りなくある。

近年、日本は格差社会化が進んだという論者の多くは「このままだと、アメリカのような不平等社会になる。格差社会になる」と喧伝《けんでん》する。しかし、なぜ不平等社会といわれるアメリカに世界中から移民が押し寄せるのか。共産主義の理想の下、はるかに「平等」に目配りをしていたはずの中国や、ソ連をはじめとした東欧諸国には移民がほとんどなく、国民が亡命をしたり、難民、流民となったりしてまで外国へ出ようとしたのはなぜか。

それは、たとえ今は貧乏であっても、努力次第で成功するチャンスが、アメリカには存在するからである。

かつての中国は、仮に皆が平等であったとしても、平等に貧しいというだけだったのではないか。少々努力したところで、成功して金持ちになる希望はない。例外なのは共産党員として出世して、権力を使える場合のみだった。

一方、今の中国には、なぜ活力があるのか。市場経済を導入し、「結果の平等」の建前を崩して、「機会の平等」へとシフトしたからである。

「勤勉で成功する者を罰し、怠け者を奨励する税制こそが英国社会の衰退を招いた」

二十一世紀の日本を考えるとき、私は鉄の女、イギリスのサッチャー元首相のこの言葉を、真剣に再考すべきだと確信している。

なんとなく気が晴れないだけ?

国会討論で「格差」や「格差社会」という言葉を聞くようになったのは、この数年のことである。「格差」を問題視する論者の多くは、こういう主張をする。

「小泉構造改革が推進された結果、以前に増して所得格差が拡大している」

何を勘違いしたのか、その矛先《ほこさき》は安倍政権にも向けられているようだ。いかに安倍総理が優秀であろうと、就任して数か月で格差を拡大させるのは至難の業《わざ》であろうに。

各省庁の統計を基にまとめた指数などによれば、一九八〇年代後半、つまりプラザ合意以降、所得格差がじわじわと拡がってきている、というのは確かのようである。しかし、問題はその理由であり、背景である。解釈や分析の違いが「格差是認」と「格差糾弾」との差になっていると思う。それは、「格差」と「格差感」とを混同していることに起因している。

まず、格差拡大の第一の理由は高齢化である。もともと日本の所得格差は、若い年齢層と高齢者層の間で隔たりが大きい。初任給と退職時の給与とを比較してみるのが一番わかりやすいだろう。いかに年功序列制度が崩れてきたとはいえ、アメリカ式の成果主義で、プロ野球選手のような年俸制を導入している企業はまだ少数で、ごくごく大雑把にいえば、年配の社員のほうが給料は高いことになっている。その高齢層の人口比率が高まっているのだから、統計に出てくる所得格差も大きくなるのは当然である。

次に、デフレも大きな要因だと思われる。中年以上の方は、ちょっと昔を思い出していただきたい。オイルショックが起きた昭和四十年代から五十年代にかけて、給与は毎年二十〜三十パーセント上がることも珍しくなかった。十万円の初任給が翌年には十二万円に、そして三年もすれば二十万円になろうという時代だった。

今の若者には考えられないだろうから、「昔は良かったんですね」といわれそうだ。

ただ、実は同時に消費者物価も年によっては三十パーセントくらい上がっていた。時の大蔵大臣が「狂乱物価」と表現したほどである。当時私は会社の社長をしていたが、今思い出してみても、ゾッとするような時代だった。

それでも、世の中の風潮として「格差社会」を憂えるようなムードはなかったと記憶している。実際には給料が二十五パーセント上がっても、物価が三十パーセント上がっていたから、手取り（可処分所得）が実質五パーセントのマイナスになるようなこともあったはずである。それでも一応、給与が二十五パーセントも上がっていたから、亭主は女房の手前、格好は悪くなかったのだ。悪いのは物価であって、亭主ではない。

翻《ひるがえ》って、バブル崩壊後の不況時代はどうだっただろうか。デフレの影響で給与は全く上がらず、春闘によるベースアップもほとんどない。

物価は下がっているから、実質的には可処分所得は増えている。ところが人間というのは不思議なもので、給与が全く上がらないと気分が悪い。狂乱物価の時もそれなりに大変だったのだが、給与が上がったから気がまぎれた。一方、給与が全く上がらないというのは楽しくない。なんとなく気が晴れない。

これがデフレの恐ろしさの本質ではないだろうか。ともあれ、この「なんとなく気が晴れない」というムードと、格差を「実感」して批判するということは密接に関係しているような気がする。

格差についての議論で、もう一つよく言われるのは「規制緩和悪玉説」だろう。例に出されるのは、規制緩和によってタクシー運転手の給与が低下したとか、人材派遣業によりパートが増えて正社員が減ったという話だ。確かに規制緩和でタクシーの数が増え料金が下がったことで、運転手の平均年収は低下したといわれている。

が、これも考えようであって、マイナス面ばかりではない。もし規制緩和がなかったとしたら、確かに既存の運転手の給与は下がらなかったかもしれない。しかし一方で、不況により解雇された中高年が、運転手として再雇用される機会も減ったかもしれない。その人は失業者になるか、もしくは、より条件の悪い仕事に就かなければならなかったかもしれない。すると、その間の収入はゼロか、今よりも安くなる。

タクシー業界の規制緩和がなければ、所得格差はもっと大きくなっていた可能性もある。パートや派遣社員が増えたので、正規社員との所得格差は拡大したけれど、失業者がその分だけ減っているとすれば、社会全体としての格差は縮小したという面もあるのではないだろうか。

つまり、規制緩和が格差拡大に影響を与えるという論理も、誰と誰をどのように比較するのか、視点によって異なった面が見えてくるはずだ。不況、デフレによって低所得者が増えた話と、規制緩和が所得格差を煽《あお》ったという話は、別の議論である。

いろいろ例を引いて、「格差が拡がっている」という話に異論を述べてみた。

だからといって、格差に目をつぶっていいという話にはならない。ここで大切なのは、格差も様々あるが、どんな格差を問題として議論すべきかである。

残念ながら格差が生じた理由が、本人の努力不足のためか、それとも運が悪かったためなのかを、第三者が正確に判断することは不可能だろう。ただし、努力して差がつかなければ、努力する人の数は減ってしまう。その結果、社会から活力が失われるかもしれない。逆にすべてを努力や才能の結果と見なすと、強者のみが生き残ることになる。

「格差はいかん」というだけで中味を考えなければ、決して問題の解決にはつながらない。何を格差と考えるか、自由に議論してみる必要があるのではないか。

ようするに、格差の是非は、人々の価値観に依存するということだ。最低の生活水準保障や社会保障制度の整備、教育を含め幼児期における格差を小さくして、運・不運の影響を小さくするといったところが、皆で合意できる格差対策の基本ではないだろうか。

「格差」と「格差感」は似て非なるものではないか、と思うのである。

教育は格差より悪平等の問題

その意味では教育格差などといわれているものは「格差感」の類《たぐい》に近いのではないかという気がする。塾や予備校がある都会の子供や金持ちの子供しか東大に入れないというのであれば、何も無理して東大に行く必要はない。

今の世の中、別に東大を出たからといって、成功は約束されていない。ましてや幸福感とはほとんど関係がない。選択肢はいくらでもあると考え直せば、教育の格差感なるものは存在しなくなる。

教育制度自体も、そんな観点で見直さなくてはならないと思うのだ。ご存じのように江戸時代末期、日本が開国した時の国際環境といえば、列強と呼ばれる欧米先進国が、中国をはじめアジアの植民地化を着々と進めている時代であった。

したがって当時の日本の政治家は、世界の趨勢《すうせい》にまったく無知な国民に対して、海外の最新知識を学んだ官僚が指導して、日本を一日でも早く近代化することにすべてを懸けていた。「富国強兵」「殖産興業」などのスローガンがそれを如実に表している。

だからこそ教育に熱心で、明治十九（一八八六）年には、小学校への就学義務を定めた法令を施行している。明治五（一八七二）年、「邑《むら》に不学の戸なく、家に不学の人なからしめん事を期す」という理想を掲げた学制の公布以来、国民皆学に向け、子供を学校に通わせるために腐心し続けた努力の賜物《たまもの》だ。

結果として、ナポレオンすら勝てなかった当時の超大国・帝政ロシアとの戦争に、維新後四十年を経ずして勝てた。近代国家形成初期において、日本の教育制度が大成功を収めたことは明らかだろう。

これまでの制度は、近代化に必要な規格品を大量に生産する工業社会には適していたと思う。なぜならば、工業社会では、できるだけ同じ質の能力を持つ多勢の労働者が与えられた仕事を忠実に行うことが必要不可欠だからである。

そのためには画一的な教育によって、個性をできるだけ否定した雰囲気に耐える訓練を施すのが最も効果的であった。

従って、得意な課目をのばすより、不得手な課目をなくすことが大切になる。この仕組みが戦後も通用し、成功したというのは、日本の今日の繁栄が如実に物語っている。

しかし、成功を果たした仕組みや発想が、永久に効果的に作用するとは限らない。むしろ、限界は必ず来ると考えるほうが自然である。近代化するため、豊かになるためには大変うまくいった制度だが、すでに豊かになって「衣食足りる」状態を通り越し、飽食の時代となった現在でもそのままでいいのか。地方の個性が試され、価値の多様化が叫ばれる時代でもある。もう一度根本から考え、見直してみる必要があると思うのだ。

たとえば、奇妙な逆転現象だが、実はきわめて自由であるはずの現代よりも、戦前のほうが「エリートコース」がそれなりに多様だったように思えるのは私だけだろうか。役人ならば東大、学者は京大、政治家なら早稲田、先生なら師範学校、商社に入るなら高等商業、軍人になるならもちろん陸士、海兵……、実に多様ではないか。少なくとも、偏差値順に「一位東大、二位京大……」といったランク付けをしていたわけではない。エリートコースが多様であれば、学校間の下らない比較をすることはできない。高商に入学して将来の海外雄飛を志す者は、東大に入って役人を志す者より劣ってもいなければ、優れてもいないわけである。

それが戦後、神戸高商を神戸大学に、東京高等師範を東京教育大学にするなど、すべての学校を大学にして特色を失わせた。同じ尺度で比較すれば序列ができるに決まっている。これも中央集権が押しつけた、標準化という名の悪平等がもたらす格差である。

結果、「東大に行ける偏差値なら東大に行かなきゃ損だ」という発想が蔓延してしまった。役人になるつもりもない輩《やから》が東大に入って税金を大量に使って、卒業後は親元に帰って跡を継ぐ……ということにもなる。全く時代のニーズに合わない教育制度に、親御さん方も振り回されているのではないだろうか。

昔、父に「官立の大学を受験したい」といったら、「バカヤロー」と一喝されたことがある。「金がないならわかるが、金のある奴が人様の税金を使うようなことをするな！　おまえ役人になるのか。東大は役人を作るための学校なんだ」という。まあ、このときは、ぐうの音も出なかった。

ただ、お金もないのに無理してお嬢様学校に行くことが、娘にとって幸せか、料理人として一流になりたいという夢を無視し、テストの成績がいいという理由だけで医学部を受けさせることが子供にとって幸せか。子供の将来を考えると心配なのはわかるが、大学にいくだけで幸せが約束されるわけではないということは、子供に教えなければいけないと思う。

息子が東大に行くことは、個人的には喜ばしいことだろう。だからといって、みんなが東大、東大といい出せばどうなるか。教育制度が破綻するのは当たり前の話なのである。

政治、行政がやるべきことは、国民皆東大入学制度をつくることでは決してない。多様な価値を前提にした教育の機会、選択肢を保障することである。

学校から選択されるのではなく、自らが選択するものになれば、教育格差などという後ろ向きの発想は一掃できるに違いない。

第五章　地方は生き返る

炭鉱からベンチャーへ

しばらく前、夕張市の破綻が大きな話題になった。地方財政の危機の度に、「中央と地方の格差」が論じられることが多い。そこで少し、昔の話をしてみたい。

リリー・フランキーさんの書いた『東京タワー』という小説が売れた。映画やテレビドラマにもなっているのでご存じの方も多いと思う。実はこの小説の舞台になっている福岡の旧産炭地・筑豊が、私の選挙区である。

ずいぶん前には、五木寛之さんの『青春の門』がベストセラーになった。かつては日本の近代化、経済発展を支えた石炭産業の街である。

私が大ファンの俳優、高倉健さんも筑豊出身だ。髪型その他が違うので誰も気付かないだろうが、品川にある健さん行きつけの床屋さんにも通っているくらいである。

筑豊の石炭産業の象徴ともいえるのが遠賀川《おんが》。当時、全国の工業地帯にエネルギーを運ぶ輸送路として、わが国の近代化を支えた歴史のある川だ。「川筋者」「川筋男」と呼ばれる、荒々しくも心一途な筑豊特有の気質を生み出した川だ。私もその血を引いた男である。

私の祖父というと、すぐに吉田茂の名前があがるが、これは母方の血筋である。父方の曾祖父・麻生太吉は、筑豊で炭坑を経営していた。

麻生家は代々庄屋を務めていた。明治五年に福岡の目尾《しゃかのお》御用山で石炭採掘事業を始めたのが、麻生家の近代の出発点だ。曾祖父は石炭王と呼ばれていたが、石炭以外に、鉄道、海運、銀行、電気、病院なども手がけていた。太吉の子供、つまり私の祖父は三十三歳でなくなっているため、父の太賀吉は二十三歳で全事業を引き継いだ。

ところが昭和三十年代、筑豊の石炭産業はエネルギー革命の影響をもろに受け、以後、人口の減少などを含め壊滅的な打撃を受けた。

昭和四十一（一九六六）年、ロンドン留学から帰国して父親の会社に入った私も面食らった。石炭部門の整理縮小は大変だったし、昭和四十五（一九七〇）年から二年間、西アフリカのシエラレオネという国へ、ダイヤモンドの採掘に行っていたこともあった。幸い、家業の方はセメント産業への構造転換が功を奏し、どうにか生き延びることができた。

しかし、昭和五十四（一九七九）年、私が初めて衆議院選挙に出た頃でさえ、筑豊はまだまだ疲弊から回復しておらず、そこに住む人たちは、未来より今をどう生きるかがすべて、明日をも知れぬ暮らしぶりだった。

バブル崩壊後の経済不況が二十五年早くやってきたと想像していただければいいだろうか。それこそ今の夕張市のようなものだった。一時は筑豊の町々も日本一の失業率と生活保護受給率でマスコミを賑《にぎ》わしたことがあったのである。

そんな中で私の選挙のキャッチコピーは「二十一世紀の星」だった。失業者があふれているところで、いきなり「二十一世紀」では、有権者から歓迎されるはずもない。しかも、周囲は五分刈り頭の血の気の多い「川筋者」ばかりである。

「麻生のせがれは、気でも狂ったんやないか。何が二十一世紀や惚《ぼ》けたこといいよんか。

能書きばっかりでなんも仕事（公共事業）もってきよらんばい」とずいぶん評判が悪かったようである。

もう一つ、彼らにとって気に入らないことがあった。私は当時、国立大学誘致に血眼《ちまなこ》になって走り回っていた。飯に困っているときに、大学なんかどうなろうが知ったことか、と思った人もいただろう。

実は、社長時代から大学誘致運動をしていた。むろん、理由があってのことである。その頃、地元の人たちと話をすると、大概は「石炭があった頃はねぇ」「炭坑が好景気に沸いていた時代は……」といった思い出話ばかりだった。政治家が未来を見据えて展望を語っても、「何を夢みたいなことを」と反感を買いかねない雰囲気だった。

もちろん昔の話は、政治をやっていくうえで大変参考になった。しかし、しょせん昔話でしかなく、それでは未来は変わらない。

私はこう考えた。目の前の問題の解決策を考えるのも大切なことだろう。だが、それでも若者は未来を夢見るべきだし、私たちも思い出話に耽《ふけ》ってばかりではだめだ。ましてや、筑豊を見捨てず、誇りを持って郷土に留まった若者が、自分たちの未来を託す夢を持てるようにしてしかるべきではないだろうか。そのためにも大学誘致は大切だという確信があった。

当選から六年後、誘致運動開始からは実に十二年後の昭和六十（一九八五）年十二月二十六日、九州工業大学情報工学部の創設が大蔵省から正式に認可された。

当時、数ある国立大学の中で情報工学を専門に教える学部を持ったところは一つもなかった。それが、筑豊（飯塚市）にできたのだ。

幸いにしてこの頃から、日本の産業構造がもう一度変わることになる。八〇年代後半以降、ＩＣ、ＶＡＮ、エレクトロニクス、コンピュータ、そして今日のＩＴ時代へと産業構造は急速な変貌を遂げていく。

石炭とは比べ物にならないくらいに付加価値の高い製品のおかげで、通称「一割経済」といわれた九州が、ことＩＣ生産に関しては四割のシェアを持つに至った。

また、二千人の学生が地域経済に与える影響も大きい。あるいは、大学に半永久的に蓄積されていくであろう知的財産を求めて企業や研究所が集まってくる。結果、飯塚市は国からＩＴ特区にも指定され、情報産業都市として発展し、今や四十社を上回るベンチャー企業が誕生している。また、世界のトヨタも宮若市や苅田町に進出してきた。人気の多目的車「ハリアー」とそのハイブリッドカーや高級車「レクサス」が生産されるまでになり、自動車関連産業の進出が周辺地域に広範囲に拡がっている。

スタンフォード大学の中心的な研究機関CSLIと飯塚市との提携や、高度な金型《かながた》の研究開発など産学官の取り組みも進んでいる。こうしたことも雇用の創出につながっている。

ちなみに、経済産業省の平成十五（二〇〇三）年の調査によると、九州工業大学は、大学発ベンチャー企業数が二十五社で、全国で八位。上位は東大・京大などの旧帝大と早慶だ。九州では一番多く、旧帝大の九州大学よりも上なのだ。九州工業大学は北九州市にもキャンパスがあるが、ベンチャーの中心は、情報工学部のある飯塚市だという。大学を呼んだだけでなく、そこから地元に根付いた産業が生まれつつあるという話を聞くと、あの頃の苦労など吹っ飛んでしまうほどうれしい。

むろん、すべてを私の手柄にするつもりはまったくない。しかし、「何が二十一世紀か」といっていた川筋者たちも、今なら理解してくれるのではないかと思うのである。

筑豊は今、未来に向かって新たな時代を力強く切り開いていこうとしている。それは、住民の長い努力の蓄積によるものだ。初めて衆議院選挙に立候補してから四半世紀にもなるが、振り返ってみると筑豊は、確実に生まれ変わっているのである。

この件は地域経済、地方再生を考える上での一例でしかないが、それぞれの自治体や地域、そこで暮らす人たちが主体的にもう一度、未来を見据えて街づくりを考える時が来たのではないだろうか。

三位一体改革で親離れ

私の選挙区、福岡八区は、かつて二十市町の自治体で構成されていたが、平成の大合併で十二市町になった。全国では、平成十五（二〇〇三）年九月、私が総務大臣に就任した時には三千百八十一あった市町村が、その後、三年六か月の間に千八百四にまで減少した。

今回の大合併では、「合併は失敗だった……」という声も聞かれる。しかし、本当にそうだろうか。同じようなことは、これまでの合併の歴史の中でも繰り返されてきたと思う。自治体の形は変わっても、そこに住む人々まで変わるわけではない。合併の成否は、各自治体の智恵と腕の見せどころなのである。

明治二十二（一八八九）年の大合併で一万五千八百五十九市町村になったのが、近代地方自治のスタートといえるかもしれないが、資料によると、それ以前には町村数が七万千三百十四にものぼったという。一つ一つの町や村の規模は、今とは比べものにならない程小さかったのだろうが、それだけ、今以上に密接に人と土地が結ばれた故郷があったとも言える。

明治四（一八七一）年、「廃藩置県」をやって三百諸侯バラバラだった幕藩体制を中央集権化してからすでに百四十年近く経っている。日本はこの体制で近代化に成功した。おかげで苦しいながらも日清・日露戦争に勝ち、先を行く西洋列強に肩を並べることができた。

敗戦後も、中央集権体制を支えた官僚主導・業界協調とも言うべきシステムを維持し、結果として世界第二の経済大国として、先進国首脳会議の第一回から日本は参加を続け、今日のＩＴＣ（情報通信技術）社会の中で世界の先頭を走っている。

しかし現在の国土は、明治時代はもちろん、敗戦直後ともまったく異なる。電気、水道、電話、テレビなどの社会基盤は日本中に整備され、道路も未舗装を探すのが難しいくらいである。昔は道路が舗装されると喜んだのに、近頃では「土の道のほうが味わいがある」なんていう始末である。

つまり、硬い言葉で現状をいえば、「通常の社会基盤整備はほぼ日本中におよび、公民館なども普及し、均衡ある都市の発展という所期の目的はほぼ達成された」ということになる。

これから先、それぞれの地方に適した特色ある都市の発展へと住民の意識は変化し、多様化していくだろう。地方のことは、その地方に住んで行政や政治を司っている人の方が事情が分かっているのは当然の話である。

それならば、地方でできることは地方で直接責任をもってやってもらおう。その方が効率的だし、その地域の実態をふまえて事業の優先順位もわかっているはずだ、というのが「三位一体改革」だ。

三位一体改革というのは、「国と地方の税財政改革」とも言われ、第一に政府から自治体への補助金削減、第二に国税から地方税への税源移譲、第三に地方交付税の変更、この三点を一体として改革することだ。

昔、社会科で習った「三割自治」という言葉を覚えている方もいるかもしれない。自治体は自前の収入が支出の三割しかなく、残りの七割は国から貰っているか、地方債という名の借金をしているという実情のことである。

結局のところ、七割が自前の金でないとなると、本物の「地方自治」とは程遠い。そこで地方が自立していくために地方税を増やして、その分だけ補助金を減らそうというのが、三位一体の意味するところである。

国依存の中央集権型から、地方自立の地域主義にこの国の形を変えていこうということで、地方切り捨てとはまったく違う。そんなことを言っている人は、いつまでたっても地方を自立させようとしない、過保護な親のようなものである。

これに反対する理由などないはずなのに、なぜスムーズにいかないのか。

それは皆さんの想像通りである。予算の配分権限が減らされるのが嫌な財務省をはじめ、自分の権限が削られる中央官庁、中でも補助金を多く持っているお役所が反対するからだ。

今はまだ中央官庁の顔色をうかがう自治体もあるかもしれないが、そのうちにそういうことも減っていくだろう。カネの切れ目が縁の切れ目というが、何も男女間だけの話ではない。補助金をくれるから国土交通省や農林水産省、もちろん財務省にも頭を下げに行っていた市長さんや知事さんは、頭を下げなくても地方税で直接収入になれば、何も中央の役所に行かなくてもよい。交通費も宿泊代も助かる。

地方は金と権限を得て自分の裁量で地方を経営していくことになる。中央の縛りから自由になるのだからけっこうな話ではあるが、一方で責任も増大する。経営が下手ならば、当然、経営責任を求められることになる。

赤字になったとしても、国は以前のようには面倒を見てくれない。当然ながら市を経営する能力が市長や議員に要求される時代になっていくことをぜひ理解しておかないと、最後にワリを食うのは市民ということになる。

そうならないためにはまず、根本的な公務員改革が必要となる。無駄な人件費は徹底して削り、国も地方も身軽になっておかなければ、やりたいこともできない。

本当の意味での地方再生と、それを実現するための「三位一体」構造改革は、政治家として、ぜひともやり遂げたい。それこそ、地方を選挙区とする私の使命だと思う。

役人の時代の終焉

現在、国と地方の公務員が約三百四十二万人いる。彼らのための給与、退職金、年金などの経費は三十兆円を超える。一方、国と地方のすべての税収が八十二兆円。全収入に占める公務員経費がいかに多いかは明白である。

さらに退職金は、現時点で国家公務員の場合、単純平均二千五百九万円。これから団塊世代の公務員が大量にリタイアするとなれば、さらに財政負担は重くのしかかってくる。

財政的自立とは、中央官僚の裁量行政からの脱却を意味し、地方が地方らしく生き抜くために必要不可欠なものになってくる。もちろんそこには前述のように大きな責任が伴う。しかし、中央官僚の権限の低下は歴史の必然なのである。

ＮＨＫ大河ドラマ『徳川慶喜』をご記憶だろうか。司馬遼太郎の『最後の将軍』でも有名だが、慶喜公は安政から慶応にかけてものすごい改革を成し遂げた人である。

江戸時代に約二百二十年にわたって続けてきた参勤交代を緩和したのは、将軍の後見役だった慶喜公である。大名の家族を人質にとるようなやり口ではもはや地方大名は押さえられないと観念したのだろう。榎本武揚らを外国に留学させたり、槍や刀の時代ではないことを知り、西洋式の軍制を取り入れたりしている。大した改革者だったのである。

それでも武士がチョンマゲを切り、ザンギリ頭になった明治の改革に比べれば、慶喜公の場合は最後までチョンマゲと二本差しを捨てきれず、つまり武士を捨てきれなかった分、見劣りがする。だから、あまり改革者というイメージが強くないのかもしれない。

明治以降は武士に代わって軍人の時代となる。列強のアジア地域への侵略が広がる中、日本人の意識の第一が、外国人になめられないことだった。欧米列強に植民地化されるのを避けるための政策が「富国強兵」だったから、軍人が大きな顔をするのも理解できるところである。

ところが、この軍人たちをコントロールしてきた明治の元勲たちが亡くなり、満州における陸軍の跳梁《ちょうりょう》を押さえることができずに戦争に突入し、昭和二十年八月十五日に敗戦の悲哀を味わうことになる。そこで軍人にとって代わったのが役人だった。

戦後、日本が経済復興を目指すにあたり、どの産業から手を付けるかを決めたのは通産省（当時）だった。石炭、繊維、造船、鉄鋼、自動車、半導体など、産業政策によって順番を決め、国策銀行が優先的に資金を回し、あるいは大蔵省（当時）銀行局が民間銀行に対して優先融資するよう行政指導してきた。この時期、確かに中央官僚の力量に国は左右されていたし、また優秀な人材も多かったであろう。

ところが冷戦終結とともに、官僚体制の典型ともいえる社会主義計画経済体制の国家が姿を消していった。世の中が自由競争を前提とした国家、社会を求めるようになった。しかも情報化が進むことで、役所の仕事はどんどん合理化されていった。

にもかかわらず、官僚は自分たちの権限（予算、人員……）を手放そうとしない。しかも「官僚主義」、つまり前例にこだわり、新しいことに手を出すことに慎重で臆病な性質がはびこったままである。この官僚が牛耳っているシステムが維持されるようでは、地方の活性化はのぞむべくもない。

いい加減、国の官僚を無闇に崇《あが》めるようなシステムは古いことに皆が気付くべきである。

地方の底力の集合体が日本

もちろん、ここまでに述べてきたように、物事にはプラスもあればマイナスもある。三位一体改革の過程で、どうしてもひずみが生じてしまうこともあるだろう。地方格差は、税収面などで拡大しているのも事実だ。生産人口の多い大都市や県庁所在地を除けば、人口二十万人以下の人口減少地域の自治体財政は逼迫《ひっぱく》している。同時に高齢者の社会保障・年金問題は多くの予算を必要とする。

ハード面でも必要な公共事業はまだまだある。主要都市を結ぶ高規格道路の整備は急務であり、確実に実行していかなければならない。道路というと短絡的に「利権だ」と思われる人もいるだろうが、産業を成長させるのに、流通の整備はきわめて重要である。筑豊が甦った背景には、交通網の整備もあったことは間違いない。

大都市やその周辺の耐震強化も急がなければならない。特に小中学校などへの対策は急務である。阪神・淡路大震災も新潟県中越大震災も、早朝や夕刻であったため、学校での犠牲者は少なかった。だが、耐震基準を十分に満たしている学校は、全国平均で五十パーセント程度といわれている。アスベスト問題も含め、子供の安全確保のためには「資金不足だからできない」という言い訳は許されないものの、地方によっては予算に限りがあるのも事実だろう。

農家の後継者難も深刻である。従業者の平均年齢は六十代中盤に差し掛かっている。いくら私が「老人も働けるうちは働くべし」という主張の持ち主とはいえ、少々高齢化しすぎているのは認めざるをえない。しかも農地面積に比例して利益が出ているわけではない。多くの農民はこのあと十～十五年で八十歳となる。平均寿命の歳だ。荒れ地も多くなってきている。農業の自立は日本の食糧自給率の問題に直結してくる大きな問題だろう。

また、地方都市ではシャッター街ばかりが目立っている。郊外の大型ショッピングモールの影響である。

このように地方の深刻な面を見ていくと、だんだん「三位一体改革」なんて止めてしまえ、という主張に与《くみ》したくなるのもわからないではない。

それでも、私としては国と地方、大都市と小さな市町村とのバランスを重視しながら、改革に突き進むより他に日本の生き残る道はないと確信している。

夕張市でも、「破綻した施設を買いたい」という企業が名乗りをあげている。成人の日には、地元の若者が自分たちの手作りで、感動的な成人式を行ったとも聞く。どんな窮地に立っても、できることはある。今は「自由」と「責任」に戸惑っていても、それぞれの地方によって、いくらでもできることはあるはずだ。

そして地方の底力こそが、改革のひずみを是正する基本となる。日本の再浮上は地方の底力にかかっている。今は自信をなくしているかもしれないが、行政上のバックアップと方向転換で必ず元気な日本を取り戻すことができる。

お隣りの中国では、貧富の格差、沿岸部と内陸部の格差、公害、水の問題などが、よく話題になる。それを見て思うのは、日本はこういう経験をすでに乗り越えてきたのだ、ということだ。

たとえば、八幡製鐵所のある北九州市には、昔〝七色の煙〟という言葉があった。今では考えられないことだが、製鉄業華やかなりし頃は〝七色の煙〟が経済復興を支えたシンボルの響きだったのである。

もちろん、そんなものが身体にいいわけがない。正真正銘の公害である。しかし、それを成長の証だと見なしていた時代があったのだ。もちろん今、〝七色の煙〟が出ている製鉄工場なんてない。それは、みんなの努力で公害問題を解決したからである。

また〝裏日本〟などという言葉もあった。今では差別用語みたいな表現だろうが、日本海沿岸地方のことを〝裏日本〟と呼んでいたのである。

裏というと、なんとなく悪いことのようなイメージがある。そんな言葉を新聞が堂々と使っていた時代だった。実際に、太平洋側と比べると発展は遅かったという面もある。

それでも平成十九（二〇〇七）年四月、本州の日本海側に、初の政令指定都市ができた。新潟市である。ここにあるJリーグのチームは、地元の人たちの熱意と努力で、観客動員数をどんどん伸ばして行った。いまではほとんどの大都市のチームよりも観客を集めている。これも地方の底力のあらわれである。

戦後、公害問題に代表される高度成長のマイナス面に直面しながら日本はそれを乗り越えてきた。

日本は「とてつもない力」を持った国である。そしてこの国は、言うまでもなく、地方の集合体でもあるのだ。

我々が目指す国の姿は、まだまだ道半ばだ。行政改革で役人の数は減った。平成の大合併で地方議員の数も約二万人減った。それでも、さらに改革を進めていかなければならないのは事実だが、同時に「小さくても強い政府」、「小さくても温かい政府」が目指すべき国の姿だと考える。

日本は不況といわれ、格差が拡大したといわれながらも、相変わらず世界第二の経済大国であり、貿易収支、経常収支ともに黒字なのは先進国の中では唯一日本だけだ。しかも、犯罪発生率は最低、特許取得率は一番、外貨準備高も一番。数字で見れば日本が「とてつもない力」を持った国であることは一目瞭然である。これで将来を悲観する方がどうかしている。

かつて、あるイギリス人が「日本が不況だというなら、その不況を輸出してほしいものだ」といったという。外国人から見れば、九〇年代の日本ですら、どこが不況なの？ということだったのである。日本への評価は、われわれが思っているよりはるかに高い。

そして潜在能力も高い。

そのことは知っておいてもいいのではないだろうか。

第六章

外交の見取り図

外交は難しいか

鳩山一郎氏の公職追放がなければ、祖父吉田茂は総理大臣にならなかったかもしれない。もし鳩山氏が敗戦直後から総理大臣をやっていたら、日本はどうなっていただろうか。歴史に「もし」は禁物だし、しかもそれを、現在外交に携わる政治家が口にするのは不謹慎かもしれないが、そんなことを考えたのは、結局、外交も人間がやることだからだ。

当時は戦勝国と敗戦国の外交だから、戦勝国は、一方的に勝手放題できる立場だ。しかも相手は、戦時中フィリピンで因縁のあるマッカーサー元帥だ。彼は祖父同様、相当強い性格だったようだが、幸運なことに、祖父とマッカーサーは、お互いの波長が合うというか、理解し合える部分を持っていたらしい。

対マッカーサーの交渉は、究極のトップ外交だったといえるだろう。祖父は、占領軍の政策が日本の実情に合わないときははっきり意見を言ったというが、この時にお互いの反りが合わなかったら、矢継ぎ早に行われた様々な改革はどうなっていただろうか。もしかしたら、今の日本とは少し違う国になっていたかもしれない。外交次第で国のあり方は大きく変わるという好例であろう。

外交というと、何か特殊な能力が必要な仕事と感じる人も多いかもしれない。しかし、国家を作っているのが人間である以上、交渉をするのは人間であり、国同士の関係も、基本的には人間関係と同じ面があると考えてもいいだろう。

ここで、子供にもわかるたとえ話をひとつしたい。学校のクラスを想像してほしい。一番大きい顔をしているのは誰か。もちろん喧嘩の強いA君だ。一方、B君は、腕力はそれほどでもないが、カッコよくて頭もいい、一目置かれる存在だ。そして、C君は、腕力もないし、身につけている服や持ち物は個性的で良質なのにカッコよくないけどお金持ちの子——。さて、A、B、C君を国に喩《たと》えるとどうなるか。

喧嘩が強く（軍事力）、それを背景にクラス（世界）に君臨するA君はアメリカ。腕力はそれほどでもないけど、カッコよく（花の都）、エスプリもあり一目置かれている（国連常任理事国であり、無視できない発言力がある）B君はフランス。腕力もない（自衛隊はあるが厳しい制約下にある）、個性的で教養もあるのに今ひとつカッコいいと思われない（独特の伝統文化はあるが、理解されにくい）、しかしお金持ち（経済力）のC君が日本。これは私の独断で、かなり大胆に単純化しているので、違うとおっしゃる人もいるだろうが、ご勘弁を。

B君には、フランス以外にも当てはめることのできる国は多いだろう。常任理事国で四千年の歴史を誇り、一所懸命腕力を鍛えている最中の中国でもいい。大国復活を目指すロシアでもいい。

ここで私たちが考えるべきは、C君の身の処し方である。C君は、いじめられないためにどうすればよいのか。そう考えると、国際政治も少しはわかりやすくなるのではないか。

国際政治は、本質的に「力」と「国益」を基本的な軸として動いていく。二十一世紀の前半、国際政治や外交は、大西洋における米欧の対峙、東アジアにおける米中の対立を主な要因として動いていくだろう。ロシアの存在も軽視できない。しかし、当分の間アメリカだけが別格の超大国であり続けるのは間違いない。

もちろん、ロシア、中国、そしてヨーロッパ諸国は、アメリカだけが大きくなっていることに不満を抱き、力の差を詰めようとしている。一方のアメリカは、当然、自らの地位をより確固たるものにしようとしている。

日本はどうか。今は彼らの争いを不安げに見つめている状態といえるだろう。

最近、特にイラク戦争以降、一部のマスコミや心情左翼に限らず、保守の中でも、「反米」を口にすることが流行となっている。親米というと馬鹿のように思われる。小泉前総理がアメリカでプレスリーの真似をしたことについても、日本ではもっぱら批判的な声が高かった。当のアメリカでは好意的に受け止められていたにもかかわらず、である。

しかし、ここで説明した現状を分析してみれば、従来通り、アメリカと同一歩調をとることを基本姿勢とするのが、日本にとって得策と考えていいのではないか。前に挙げた軍事力、経済力、発言力のうち、軍事力をどんどんつけるのは、家庭の事情で無理がある。経済力をこれ以上伸ばすのも、不可能ではないかもしれないが苦労がある。また急激に経済力を増したら憎まれる。発言力は今後どんどん大きくなるだろうが、近所に不穏な動きがある中、それだけでは身を守れる保障はない。

もちろん、少々単純化しすぎていることは承知の上である。それでも、身の安全を自力だけで守ることができないのであれば、ケンカの強い者と仲良くするというのは、子供でも知っている生活の知恵ではないだろうか。A君の言いなりでは、単なるいじめられっ子だ。C君は、自分の力に自信を持って、時にはA君にアドバイスをすることだってできる。A君はしかも、考え方の基本（民主主義、自由経済といった価値観）は一緒だ。「もっといい知恵がある」というのならばそれはそれでけっこう。ぜひ、議論をしようではないか。

中国の台頭を喜ぶ

外交の基本は、国益をどう守るかという点につきる。日本は、世界が平和であることによって、自らの生存と安定を確保し、繁栄という国益の大きな目的を果たしてきた。実践的先駆者として、よりよい明日のための知恵袋となり、アメリカと同盟を組んで、地域の安定装置たらんとするのも、自国のみならず世界経済の繁栄を通して、さらなる平和と幸福を実現するためだ。

ここでは、二十一世紀の日本の国益を守るだけでなく、大きく育てていくためにどうすればいいのか考えてみたい。

戦後六十年の間に世界情勢は激変したが、変化に終着点はない。これからは、今まで以上に速度をあげて変化していくだろう。そんな中で、私たちが絶対に忘れてはならないのが、アジアの大国、中国とインドである。

二〇三〇年までに、中国とインドの人口は、ともに十五億人となって肩を並べると推測されている。これに二億人超のインドネシアなど周辺各国の人口を合わせれば、アジアの人口は世界の半分以上に達することになる。これはつまり、アジアが二十一世紀、世界の生産と消費の中心地となることはまず間違いないことを意味する。ここにロシアを含めると、さらにユーラシア大陸の重要性が増す。

日本が今の豊かさと経済力を維持するために、中国、インド、ロシアとの関係が、今より格段に重さを持つことになる時代が、将来必ず来るだろう。

だからこそ、これからは日中共益、日印共益、日露共益が、日本の外交の重要な目的となり、日本はその先導役とならなければならない。

中国、インド、ロシアのうち、中国は、古今の歴史を通じ、日本が最も関係を大切に考えてきた国の一つである。その中国がいま台頭してきた。それこそは、わが日本が待ち望んでいた事態にほかならない。その点において、私は昨今の安易な「中国脅威論」には与《くみ》しない。

アジアに近代が幕を開けてこの方、経済の建設、そして政治体制近代化の両面において、日本の独走状態があまりに長く続き過ぎた。そのことは本当に喜ぶべきなのだろうか。私はそうは思わない。いま中国経済の力強い発展によって、アジアはむしろ万古不易の姿に戻りつつある。

競争とは、経済活動において必須の要素である。強い相手を得てこそ、自らを高めていくことができる。

私はそれゆえ中国の台頭を祝福し、これを心から歓迎したいと考えている。経済面で両国は既に、活発な競争をしようとしている。大いに慶賀すべきことで、それによってこそ互いに伸びていくことができるだろう。

望むらくは、今後より広く、政治・社会の面にも競争を及ぼしたいものである。この面で日中がともに切磋琢磨し、高めあう王道を歩むことができるなら、それはアジア全体にとっての利益につながる。そのためには自分の考えを一方的に押しつけるのでなく、互いに真摯《しんし》に、誠意を持って相手の理解を求めるよう努力しなくてはならない。

その前提として、個別の問題で全体を損なわないことである。和解と協調の精神で過去を克服し、過ぎ去った事実を未来への障害としないことが重要である。

そして、競争相手である以上は、一定のルールを共有する必要がある。単に経済面にとどまらず、軍事予算や軍事行動のあり方、さらには広く社会や政治制度のあり方においても、中国に日本と同じような透明性を求めたいと思う。とりわけ軍事面での透明性に欠けるからこそ、中国は世界に向かって、自らの台頭は「平和的」なものだと言い続けなければならない。「平和的」の反対語は、「好戦的」、あるいは「覇権的」である。本来、これは言わずもがなのことであるはずだ。

中国が被援助国の地位を出て、他の途上国の社会経済開発を助ける立場となりつつあることも、喜ばしい。これもソート・リーダーとしては誇らしく思わねばならない。ただし援助にも、国際的な行動様式に則った透明性が求められる。残念ながら、まだ中国がそうした透明性を持っているとは言いがたい面がある。彼らが、この点で諸外国に追いつくことを期待しないではいられない。

また、地域や国際社会において中国にはより責任ある役割を果たしてほしいという観点からも、中国がいわゆる「ヴィートー・パワー（拒否権）」、すなわち基本的にノーを言う勢力であることから脱皮し、「建設的な勢力」へと成長していくことを望んでいる。

これらの問題を中国がこの先どう解くか、日本を含む近隣諸国は関心を払わざるを得ない。そこについて悲観的な立場の人が「中国脅威論」に流れてしまうのかもしれない。

しかし、私はあまり悲観しようとは思わない。なぜなら中国において既に、自己実現を夢に見、豊かな生活に憧れる若い世代を中心として、中産階級が日に日に厚みを増しつつあるからである。

今やますます多くのＡＳＥＡＮ諸国が、「経済の繁栄と民主主義を通して、平和と幸福を」の道をたどり、市場経済と民主主義を力強く前進させている。日本自身の経験に照らしても、このプロセスは一度始まると逆戻りできない。

中国において、市場経済の発展と中流階級の成長が、より大きな政治参加、自由を求める動きにつながっていくことは、私の見るところ間違いない。

とはいえ、長い時間軸を持つ国だから、私たちも長い目で、そして友人としての温かみをもって、中国の進歩と変化を見守っていく態度が必要である。

台湾海峡を巡る問題についても、対話を通じた平和的解決を望んでいる。わが国や他のアジア諸国は、この問題でいかなる一方的な現状変更の試みも、軍事的・政治的な対立も望んでいないのだから。

北朝鮮が忘れてはならないこと

中国は、日本にとって最大の懸案事項である北朝鮮に対しても大きな影響力を持っているのはご承知の通りである。

平成十八（二〇〇六）年七月五日、北朝鮮は近隣諸国に対して何の事前通告もしないまま、ノドン、テポドン、スカッドなどと思われる弾道ミサイルを合計七発発射した。明らかに「日朝平壌宣言」違反である。もちろん、日米韓中露朝の六者会合共同声明にも違反していることは明らかだった。

数か月前から予兆があったため、ある程度予想していたとはいえ、その衝撃は大きかった。制裁を含めた対応をめぐって、外務大臣として不眠不休の日が続いた。タフな海外の外交担当者との交渉は、緊張の連続だった。体力だけには自信のある私でも、さすがにばてた。

ニューヨークでの国連安保理とロシアでのG8サミットという遠く離れた二つの場所での交渉は、時間との勝負であり、体力勝負であり、勘と想像力、そして決断力の勝負でもあると実感した。交渉の細部については、まだ明かせる時期ではない。

この時、日本は、直ちに国連の安全保障理事会に、北朝鮮の暴挙に対応する決議案を上程した。国連に加盟して五十年、日本が提案国として安全保障理事会をリードしたのは初めてのことだった。幸い日本の他にも米英仏をはじめデンマーク、スロバキアなど、計七か国が共同提案国になってくれた。

初動の速さが奏功し、また、最後まで日本の立場がぶれなかったことが、最終段階で中国、ロシアの譲歩を引き出した。満場一致での国連安保理決議一六九五が国連安全保障理事会において全会一致で採択されたのである。

もちろん、日本の主張がすべて通ったわけではない。そのため、国内では「国連憲章第七章が除かれたから駄目だ」「制裁義務が強制されないから意味がない」など、相変わらず知ったかぶりの識者と称される方々がご意見を述べていたようである。しかし、そもそも外交において、一つの国の主張が百パーセント通るなどということは滅多にない。関わる国が多ければ多いだけ、利害は一致しない。そんななか、わずか十一日間で決議を採択できたのは、十分な成果と考えていいのではないか。

平成十（一九九八）年のテポドン一号の時を思い出していただきたい。あの時は、決議案どころか議長声明すら出せなかった。記者向けの声明を出すだけで二週間もかかったのである。その甘い対応が、北朝鮮への誤ったメッセージとなり、八年後のミサイル乱射につながってしまった。

それと比較しても、今回の制裁決議は北朝鮮にミサイルの技術関連物資を売っても買っても駄目だと明記してある。焦点となっていた国連憲章第七章を盛り込むことはできなかったが、代わって前文で明確に北朝鮮のミサイル発射は国際平和を危うくすると規定している。各国に特別な責任を要求し、国連は今後もこの問題に係わってゆくと明記してある。もし北朝鮮がこの決議文に従わないならば、次は国連安保理は日本が理事国でなくなっても、この制裁決議の上に立って、更なる行動ができることになった。

この決議は、平成十九（二〇〇七）年の六か国協議で北朝鮮が「非核化に進む」としたことと関係なく、今も生きている。彼らがまた何かおかしなことをすれば、即、国連が行動することができるのだ。

おかしなもので、普段は「国連中心主義」を唱えているマスコミや政治家が、北朝鮮に関してのみは「六か国協議」だけを議論している。もちろん、現時点での北朝鮮問題を解決するにあたって最も重要なのが六か国協議であるのは間違いない。しかし、彼らを注視しているのは五か国だけではない。それは、北朝鮮が決して忘れてはならないことなのである。

靖国は、外交問題ではない

本来、この章で触れるべきことではないかもしれないが、昨今、外交問題であるかのように言われることも多いので、最後に、靖国神社についての私見を述べておきたい。まず大前提として、そもそも靖国神社のことは外国に云々《うんぬん》されることではない。それははっきり申し上げておきたい。

ではこのままでいいのかというと、決してそうは思わないのだ。

議論の中で特定の人物を挙げ、「分祀《ぶんし》」の必要を言う人がいる。具体的には「A級戦犯の分祀」である。学者、識者に限らず、国会議員でそれを主張する人も少なくない。

私に言わせれば、これは原点から問題を見ようとしない、倒錯した発想に思える。私は靖国神社についてものを言う場合、常に物事の本質、原点を忘れぬよう心がけてきたつもりだ。靖国神社が、やかましい議論の対象になったり、いわんや政治的取引材料になったりすることは、絶対にあってはならない。靖国は、国家のために戦いに命を投げ出した尊い御霊《みたま》とご遺族にとって、とこしえの安息の場所である。厳かで静かな、安らぎの杜《もり》である。靖国はそのような場所であるべきだ。

他国にいろいろといわれることはもちろん、国内においても軽々しい議論や批判の対象となる事態は避けねばならない。おそらく多くのご遺族が、このところの騒動に心を痛め、やり場のない憤りと悲しみを感じていらっしゃるのではないかと思う。

いかにすれば靖国を慰霊と安息の場とし、静謐《せいひつ》な祈りの場所として保っていくことができるか。言い換えれば、時の政治から、無限に遠ざけておくことができるか――。

靖国にまつわるすべての議論は、いつもこの原点から出発するものでなければならない。論議が紛糾し、立場の違いが鋭く露呈したような場合には、常にこの原点に立ち戻って考え直さなくてはならない。

もう一つ言えるのは、靖国神社にとって、「代替施設」はあり得ないということだ。このことは、靖国神社に「ないもの」と「あるもの」を考えることで、理解することができる。

ご承知のとおり、靖国には、遺灰とか遺骨とかいった、物質的な何かはない。あるのは御霊という、スピリチュアルな、抽象的なものだ。いやもっというと、そういうものが靖国にあるのだと思ってずっと生きてきた、日本人の「集合的記憶」である。

記憶には、誇るべきものがある半面、胸を張れないものもあることだろう。死者にまつわる記憶は、総じて辛い、哀しいものである。これらすべて、一切合財を含む記憶の集積を、明治以来日本人は、靖国神社に見出してきた。その是非を後世の私たちが論ずることは断じてできない。

ましてや、そのときの都合で、引っこ抜いてよそへ持って行ったり、新しい場所に「存在するつもり」にしたりはできない。これが「遺骨」や「遺灰」といったものであれば、引っ越しはできるだろう。しかし、あくまでもここにあるのは明治以来の集合的記憶である。それを後世の私たちが「なかったことにしましょう」とはできない。だから靖国には、代替施設はつくれないのである。

高浜虚子に「去年今年《こぞことし》　貫く棒の如きもの」という有名な句がある。この句に言う「棒の如きもの」が、靖国にはあるのだと私は思う。

これを安易になくしたり、無下にしたりしたらどうなるのか。日本という国が自分を見失うだろう。碇《いかり》をなくした船さながら、漂流してしまう。集合的記憶をなくした共同体というのはそういう運命を辿《たど》るはずだ。

国家のために尊い命を投げ出した人々に対し、国家は最高の栄誉をもって祀《まつ》らねばならない、ということは、普遍的な原則として世界中で認められていることである。これを否定する国家は存在しない。そうでなければ、なぜ命を賭してまで戦わねばならないのか、国家は兵士に説明ができない。

国家とは、時に国民を戦場へ連れ出し、命を投げ出させる権力をもつ存在である。だとすれば、国家の命令に応じてかけがえのない命を捧げた人を、国家が最高の栄誉をもって祀らなければならないのは、最低限の約束事であることは自明の理である。いかに国家内で体制が変ろうとも、歴史の流れの中にいる以上、この約束事は守る。これは世界中で通用する話だ。

戦後、この当たり前の理屈が理解できない人が増えているのは事実である。しかし、祖先たちに少しでも思いを馳せていただきたい。

「天皇陛下、万歳」と叫んで死んだ幾万の将兵は、その言葉に万感の思いを託したことだろう。天皇陛下の名にこと寄せつつ、実際には故郷の山河を思い起こし、妻や子を、親や兄弟を思っていたかもしれない。確かなこととして、明治以来の日本人には、国家との約束事を、天皇陛下との約束事として理解し、死地に赴いてきた経緯がある。だから私は、靖国神社に天皇陛下のご親拝あれかしと、強く念じている。

ここまでに述べたことを踏まえたうえで、今何をなすべきか。答えは明らかである。靖国神社を可能な限り政治から遠ざけ（「非政治化」し）、静謐な、祈りの場所として、未来永劫保っていく。靖国はその本来の姿へ復し、いつまでも栄えていただきたい。

世間の議論には、靖国を当座の政治目的にとって障害であるかに見て、なんとか差し障りのないものにしようとする傾向が感じられる。ここにおいては、話が逆転してしまっている。まず考えるべきことは、祖先や遺族の気持ちであり、またそれは、私たちが共有すべきものでもある。時折、あたかも靖国神社は自分とは関係のない世界であるかのように言う人がいる。若い世代にとっては「自分のおじいさんは戦争に行っていないから」という気持ちがあるのかもしれない。しかし、明治以来、そこに祀られた人たちと、何の関係もない、そんな日本人がいるのであろうか。そこについてもぜひ考えてみていただきたい。

ただし、いざ靖国神社を元の姿に戻そうとしても、たちまち問題点にぶつかる。それは煎じ詰めると、靖国神社が現在、独立した一宗教法人であるという点にかかわってくる。問題点を整理すると、次のようになる。

まず、政教分離の原則との関係がある。靖国神社が宗教法人であり続ける限り、政教分離原則との関係が常に問題となる。それは「政治家が参拝をすることは政教分離に反する」といった、どこかの新聞の好きな論法とは関係ない。そうではなく、私たちが一宗教団体に干渉することは、基本的には許されていない、ということである。

だから、政治家である私が、このように靖国について議論することさえ、厳密に言うと問題がないとは言えないのかもしれない。ここではあくまでも議論だから問題がないとさせていただきたい。仮に一定の強制力を持つとなれば、それは政治が宗教に介入することになってしまう。

このへんを安易に考えている人がけっこう多い。「分祀論」を説く政治家は、その問題を軽く見ている。本来、政治家が靖国神社に祀られた人について「分祀すべし」というということは、一宗教法人に対する介入として、厳に慎むべきことなのである。

もちろん、靖国神社が宗教法人である限り、総理や閣僚が参拝する度に、「公人・政治家としての訪問か、私的な個人としての参拝か」という、例の問いを投げかけられる点も別の意味で大きな問題である。政教分離原則との関係を問われ、その結果、本来鎮魂の行為であるものが、新聞の見出しになってしまう。つまり、靖国がその志に反し、やかましい、それ自体政治的な場所となってしまった理由の過半は、靖国神社が宗教法人だというところにある。

これでは、靖国はいつまでたっても静かな慰霊と安息の場所になることができない。このような状態を最も悲しんでいるのは、靖国に祀られた戦死者とご遺族である。靖国をそんな状態に長らく放置してきた政治家の責任こそ、厳しく問われねばならない。

つまり、もともとは国家がなすべき戦死者慰霊という仕事を、戦後日本は靖国神社という一宗教法人に、いわば丸投げしてしまった。宗教法人とはすなわち民間団体だから、今でいうところの「民営化」をした。それが現在の混乱した状況を招いている。

その結果、靖国神社は会社や学校と同じ運命を辿らざるを得ないことになっている。顧客や学生が減ると、企業や大学は経営が苦しくなる。同じことが、靖国神社にも起きつつある。

あえて金銭的な側面も考慮して論を進めてみたい。あくまでも今の人たちにわかりやすく、という気持ちからなので、不敬だと思わないでいただきたい。靖国神社にとって、収入の支えとなってくれているのは誰か。第一はご遺族であり、戦死者の戦友である。

ご遺族のうち、戦争で夫君を亡くされた寡婦の方々は、平成十七（二〇〇五）年の時点で平均年齢八十六・八歳になる。すでに女性の平均寿命（八十五歳）を超えてしまっている。

また「公務扶助料」という、遺族に対する給付を受けている人（寡婦の方が大半）の数は、昭和五十七（一九八二）年当時百五十四万人だったのが、平成十七（二〇〇五）年には十五万人と十分の一にまで減ってしまった。戦友の方たちの人口は、恩給受給者の数からわかる。こちらも、ピークだった一九六九年に二百八十三万人を数えたものが、平成十七年には百二十一万人と半分以下になっている。

靖国神社は、「氏子」という、代を継いで続いていく支持母体を持っていない。収入面で支えてくれるのは、ご遺族、戦友とその近親者や知友だけである。平和な時代が続けば続くほど、細っていく運命にある。ここが一般の神社と大きく違う。崇敬奉賛会という組織で協賛金も集めているが、限度がある。

結果として、現在の年間予算は二十年ほど前に比較して三分の一程度に減ってしまっているとも聞く。このままでは、この流れに歯止めはきかないだろう。戦後日本は、戦死者慰霊という国家の担うべき事業を民営化した結果、その事業自体を自然消滅させる路線に放置したのだといって過言ではない。政府は無責任のそしりを免れない。

このことを、靖国神社の立場に立って考えるとどう言えるだろうか。日本が平和であるゆえに、収入は減り続ける。平和の基礎を作ってくれた先人たちを祀る施設が維持できなくなる。これがビジネスであれば、「生き残り」を懸けた「ターンアラウンド（事業再生)」が必要だということになるが、そうもいかない。

山積する問題解決のためにまず必要なのは、宗教法人でない靖国神社になることだ。ただし、その前に次の二点について触れておかねばならない。

靖国神社は創立当初、「招魂社」といった。創設の推進者だった長州藩の木戸孝允は、「招魂場」と呼んだという。「長州藩には蛤《はまぐり》御門の戦いの直後から藩内に殉難者のための招魂場が次々につくられ、最終的にはその数二十二に達した」(村松剛「靖国神社を宗教機関といえるか」)という。

靖国神社は、古事記や日本書紀に出てくる伝承の神々を祀る本来の神社ではない。したがってその設立趣旨、経緯から、靖国は神社本庁に属したことがない。伊勢神宮以下、全国に約八万を数える神社を束ねるのが神社本庁だが、靖国神社はこれに属していないのだ。戦前は陸海軍省が共同で管理する施設だった。また靖国神社の宮司も、いわゆる神官ではない。

第二に触れておかねばならないのは、このような設立の経緯、施設の性格、現状の問題点を含め、全国に五十二社ある護国神社は靖国神社と同じ性格を持っているということだ。つまり、靖国神社が変わろうとする場合、護国神社と一体で行うことが、論理的にも実際的にも適当である。

それでは、靖国神社が宗教法人でなくなるためには、まず何をすべきだろうか。政教分離の原則がある以上、国が強制的に解散させるようなことはできない。それができるのは何か重大な犯罪行為をした場合であって、靖国神社にそれはあてはまらない。

となると、任意解散手続き以外あり得ない。この手続きは、護国神社と一体である必要がある。言うまでもなくこのプロセスは、靖国神社（と各地護国神社）の自発性によってのみ進められるものである。

その後の移行過程には、いったん「財団法人」の形態を取るなどいくつかの方法があり得る。ここは今後、議論を要する点だが、最終的には設置法をつくり、それに基づく特殊法人とすることが妥当と考えられる。

名称は、たとえば「国立追悼施設靖国社（招魂社）」。このようにして非宗教法人化した靖国は、今までの比喩を使うなら、戦死者追悼事業を再び「国営化」した姿になる。

もちろん、これが宗教ということになると、国家が宗教を作ることになるから問題である。宗教法人から特殊法人へという変化に実質をもたせるためには、祭式を非宗教的・伝統的なものにする必要がある。実はこれが前述した、靖国神社の出発点、「招魂社」といった本来の姿に回帰することにほかならない。このとき各地の護国神社は、靖国社の支部として再出発することになる。

なお設置法には、組織目的（慰霊対象）、自主性の尊重、寄付行為に対する税制上の特例などを含める必要があるだろう。

ここで述べていることは奇策ではない。参考になる前例もある。日本赤十字社である。実は日赤は靖国神社と同様、戦時中は陸海軍省の共管下にあった。当時は、母子保護・伝染病予防といった平時の事業は脇に置かれ、戦時救済事業を旨《むね》としていた。サンフランシスコ平和条約調印後に改めて立法措置（日本赤十字社法）をとり、元の姿に戻すとともに、「自主性の尊重」が条文（第三条）に盛り込まれたという経緯がある。

もちろん、独立させるだけでは維持できない。併せて靖国社の財源を安定させる必要がある。このために利用できるのが、たとえば独立行政法人平和祈念事業特別基金のうち、国庫返納分として議論されている分である。

平和祈念事業特別基金とは、「旧軍人軍属であって年金たる恩給又は旧軍人軍属としての在職に関連する年金たる給付を受ける権利を有しない方」や、旧ソ連によって強制抑留されて後に帰還した方などの労苦を偲《しの》ぶことを目的とし、「新宿住友ビル」にある「平和祈念展示資料館」の運営や、関係者の慰労を事業とするため、国が四百億円を出資して昭和六十三（一九八八）年に設けたものである。この資本金のうち半分に当たる二百億円は、国庫に返納されることが議論されている。

これを全部、または半分程度靖国社の財産とすることで、靖国の財政を安定させることができるはずだ。また、靖国を支えてきた財団法人日本遺族会は、公益法人制度の改革を受けて新たにつくられるカテゴリーの「公益財団法人」として公益性を認め、こちらの基盤も安定を図る。直接の支持母体である「靖国神社崇敬奉賛会」は、そのまま存続させればいい。

さらに靖国神社付設の「遊就館」は、その性質にかんがみ、行政府内に管理と運営を移すべきだろう。その後展示方法をどうすべきかなどの論点は、ここまでに述べた「原点」に立ち戻りつつ、考えるべきである。

ここまでを整えるのに、何年も費やすべきではない。諸般の事情から靖国神社は極めて政治化された場所となってしまっており、靖国に祀られた二百四十六万六千余の御霊とそのご遺族にとって一日とて心休まる日はない。そしてご遺族が少しずつ減ってきている。子孫に語り継ぐにも現在の状況では不安なお気持ちで一杯だろう。

政治の責任として以上の手続きを踏んだあかつきには、天皇陛下には心安らかに、お参りをしていただけることだろう。英霊は、そのとき初めて安堵の息をつくことができるはずだ。

第七章

新たなアジア主義——麻生ドクトリン

SARSと人間の安全保障

数年前、新しく見つかった恐ろしい伝染病が、アジアの各地で猛威を振るった。「重症急性呼吸器症候群（Severe Acute Respiratory Syndrome）」、通称SARSである。この病気がどこまで広がるか、ハラハラしながら様子を見守っていた。

しかし、今だから誤解を恐れず申し上げるのだが、「早く沈静化してほしい」と願いながらも、同時に私はこんなことを考えていた。

「この拡大は、アジアが想像以上にダイナミックに動いていることの証拠だといえるのではないだろうか」

伝染病は、ヒトやモノが決まった場所から動かない環境では広がりようがない。SA

RSがあれだけ急激に、中国や香港、ベトナム、シンガポールへ拡大したことは、アジアで活発なヒトとモノの交流が行われていることを裏書きするものに他ならなかった。国境を越えて躍進するアジアだからこそ、SARSも急激に広がってしまうという、皮肉な現象が起こっていたのである。

もっとも、地域の国々が上手に協力しあった結果、事態を終息させることができたのは、救いである。問題の発生から解決に至るまで、ひとつの伝染病が、アジアにある新しい現実を教えてくれた。

もはやアジアとは、分かちがたく結ばれた一つのネットワークなのだ。

ただ、事はそう簡単ではないことも承知している。

安全保障をアジア全体で見た場合、軍事面での信頼関係の構築や、そのために必要な各国の軍事体制、国防政策に関する情報の透明性が、まだ十分に確保されているとは思えない。日本のようにオープンな国は少数派といってもいいかもしれない。

もちろん、まだネットワーク構築の途上であると考えれば仕方がない。我々は、各国との信頼関係を地道に築いていくしかないのである。

その信頼を育てる枠組みの一つが、ARF（アセアン地域フォーラム）である。一九九四年に発足し、参加は、現在二十五か国。日、米のほかに、ブルネイ、インドネシア、マレーシア、タイ、フィリピン、シンガポール、ベトナム、ラオス、ミャンマー、カンボジア、カナダ、オーストラリア、ニュージーランド、韓国、北朝鮮、中国、ロシア、パプアニューギニア、インド、モンゴル、パキスタン、東ティモール、バングラデシュ。北朝鮮も参加しているのに注目していただきたい。これが、安全保障問題について対話する、この地域唯一の政府間フォーラムだ。

ARFはアプローチを三段階に分けて考えている。第一段階が「信頼醸成」、第二段階が「予防外交」、最後に「紛争解決」。各国の閣僚級が自由な議論を行い、すでに第二段階に進んでいる。平成十八（二〇〇六）年の第十三回閣僚会合では、北朝鮮に対して、ミサイル実験に関するモラトリアムに復帰するよう促した。

ただ、現在はまだ議論の場であるにとどまっており、より実質的な役割を果たすためには、一層の体制強化が不可欠だろう。

ネットワーク強化のための試みは他にもある。平成十七（二〇〇五）年に始まった東アジアサミットだ。参加国は、ASEAN十か国に、日本、中国、韓国、オーストラリア、ニュージーランド、インドを加えた十六か国。オーストラリア、ニュージーランド、そしてインドが、初めから正メンバーとして参加できるようになったことも心強い。民主主義という基本的価値観をわが国と共有しているからだ。

もちろん、こうしたネットワークの強化が排他的なものになっては意味がない。かつての大東亜共栄圏とは異なるのだ。二十一世紀においては、EU諸国やアメリカ、APEC（アジア太平洋経済協力会議）のような、より広範なグループとの連携が大切であることは言うまでもない。将来的には、東アジアサミットを、東アジア共同体形成に向け育てていく大志が必要だろう。

その道筋はかなり険しく、ゴールは遠い。EUと違った道筋ともなるだろう。アジア諸国は、政治や安全保障の面において、あまりにも多様だからだ。最初は経済連携、金融、テロ対策といった個別論から入り、分野別協力を重ねていく方式をとるべきである。

EUのような東アジア共同体などは夢のまた夢、と思われる方も多いことだろう。私の生きているうちには現実にはならないかもしれない。しかし、ここであえて同い年のジョン・レノンを持ち出すまでもないのだが、そういうことを「想像する（imagine）」のは大切ではないか。

そもそも、われわれの生活を脅かすのは、軍事的なものばかりではない。国と国、人間同士といったものを超えた脅威が発生することもある。災害がその代表であり、ＳＡＲＳや鳥インフルエンザもまさにそうした脅威である。

こうした現象も安全保障上の脅威だと考える。人間生活にとっての脅威を広く捉えて対応する、いわば「人間の安全保障」ともいえる考えをもとに、各国は協力していくべきだ。「人間の安全保障」という考え方は、小渕恵三総理の時代に外務省が日本の外交の基本方針として打ち出したもので、貧困、環境破壊、薬物、国際組織犯罪、エイズなど感染症、紛争、難民流出、対人地雷など、個人を直接脅かす課題に対し、人間一人ひとりの保護と能力強化を通して対処しようとするものである。

人間の安全保障対策としては、日本はすでに多くの国で実績を残しているが、これまで同様、惜しみのない努力を払うべきである。資金力、技術力がある日本の腕の見せ所だろう。

もちろん、お金だけではどうにもならないことも多い。テロのような脅威には、各国がスクラムを組んで取り組まねばならないが、できればその輪においても、日本は中心を占めていきたい。

価値の外交

国連加盟国は百九十二か国。なかには、日本と国旗が似ているパラオ共和国のように、人口二万人という小さい国もある。十万人くらいの国も多い。みな国家として国連の承認を受けている。日本が国連に加盟したのは昭和三十一（一九五六）年。以来、重要な地位を占めている。加盟当初には二パーセント程度しか負担していなかった拠出金が、今では約二十パーセント。人的貢献も、緒方貞子さんや明石康さんがその代表だろう。

もちろん、まったく問題がないわけではないが、それでもアジアのリーダー的存在として、平和国家として、各国から一目置かれる存在になっているのは間違いない。

ところが残念なことに、日本人の中には「日本は世界で孤立している」と過剰に言い立てる人がいる。こういう人たちの「世界」とはどこのことなのか。何を指して「孤立」といっているのか。

平成十八（二〇〇六）年、イギリス公共放送BBCが、米メリーランド大学と共同で、世界三十三か国、四万人にアンケート調査を行った。このとき、「今、世界に最も良い影響を与えている国はどこですか？」という問いに対して、日本の名を上げた人が最も多かった。参加三十三か国中、三十一か国で「良い影響を与えている」と答えた人の方が多いという結果になったのだ。ちなみに「悪い影響を与えている」と答えた人の方が多かったのは、中国と韓国だけだった。これで、なぜ孤立しているといえるのだろうか。

疑い深い方のために補足しておくが、この調査に日本政府はまったく関係していない。中立的な立場で行われた調査である。そろそろ「日本は駄目だ」「嫌われている」といった偏見を改めて、もっと前向きになってもいいのではないだろうか。

こうしたことも踏まえて、日本の進むべき新しい道を述べてみたい。

私は、これからの日本は「自由と繁栄の弧」をつないでいく必要があると考えている。そのためには「価値の外交」を展開していかなければならない。「自由と繁栄の弧」も

「価値の外交」も私の造語である。

まず、「価値の外交」とは何か。ここでいう「価値」とは、民主主義、平和、自由、人権、法の支配、そして市場経済のことだ。様々な経験を経たうえで、日本は一つの結論に到達した。マイナス面も多々あるにせよ、それでもなお、これらには「普遍的価値」があるということだ。日本は世界のどの国よりもその価値を知っている。その普遍的価値による豊かさを享受している。外交を進めるうえで、自信を持って、この価値を重視していくというのが「価値の外交」である。

ユーラシア大陸の外周は、冷戦期にはソ連とアメリカが対峙した地域で、「危機の弧」と呼ばれていた。そこに次々と若い民主主義国が誕生している。こうした国々と同じ価値を共有して、これらを帯のようにつないでいきたい。この帯が、「自由と繁栄の弧」である。

ＣＬＶと呼ばれている一帯がある。ＣＬＶとは、カンボジア、ラオス、ベトナムの頭文字である。いずれも成熟した民主主義国家を目指して歩みを始めている。

また、世界に対する資源供給という点で非常に大事な、グルジア、アゼルバイジャンなどコーカサス地方の国々、中央アジア、そしてトルコやウクライナも、バルト三国も、「経済の繁栄と民主主義を通して、平和と幸福を」追求するという道を歩み始めている。

これこそ、ソート・リーダーとして戦後日本がたどった経路、最近ではＡＳＥＡＮ諸国が通過しつつある道である。ぜひとも、ここに同志を増やそうではないか。

民主主義は終わりのないマラソン

このように言うと、おそらくこんな反論があるだろう。

戦争で大負けして国内外に多大の迷惑をかけたのに、「価値の外交」とはまた、いつから他人《ひと》さまに説教する徳を身につけたのか、と……。

特に、「日本は孤立している」という人たちから、こんな反応が返ってくることだろう。それは承知している。

しかし、それは鏡に映る自分を、ニセモノだ、こしらえものだと思いたがる、一種の病癖である。

日本も「いい歳」なのだから、鏡に映した我と我が身にもじもじするような態度は、もうやめようではないか。そもそも、右にあげた普遍的価値が日本に根付いたのは、何も戦後の話ではない。

たとえば、江戸時代の日本は、世界的にも珍しいほど平和に、丸く治まった社会だった。今風に言えば、「ガバナンス」が総体的にうまくいっていたということだ。これは総じて、「普遍的価値」を認めていたからである。この土台があったからこそ、近代的な制度が日本の場合はうまく乗ったのだと私は考えている。

歴史を振り返ると、日本は普遍的価値を重んじる点にかけては、もはや老舗《しにせ》の部類に入るのではないかと思うのである。

もちろん、日本にそうした価値観が完全に根付いたのは戦後である、と見ても構わない。その場合でも、誰からも全く後ろ指をさされない、戦後日本の平和主義という実績がある。設立以来大砲はおろか、銃弾の一発も実戦で撃たなかった自衛隊のような組織が、どこかよその国にあるだろうか。

ともかく、民主主義、平和、自由、人権といった「普遍的価値」について語る際に、日本は何も恥ずかしがることはない。もはや口ごもっているべきではない。私たちが普遍的だと思う価値を外交によって広めていくべきなのである。

ただし、くれぐれも注意しなくてはいけないのは、「平和的外交によって」ということである。いかに素晴らしいものであっても、無理やり広めては押し売りになる。日本は過去にそういうこともやった。それは肝に銘じるべきである。

民主主義は、終わりのないマラソンである。常により良い状態を目指して進むが、完全なものが完成することはないかもしれない。しかもこのマラソンは、スタートから五キロくらいがとりわけ難所だと、相場は決まっている。私が総務大臣だった時、リビアからカダフィ大佐のご子息が来たことがある。彼に地方分権、地方自治のことを説明したら、帰国後に手紙をくれた。そこには、「民主主義は時間がかかるということがよくわかった。地方分権の実務なんて、考えたことがなかった」と書いてあった。

若い民主主義は、大量の成長ホルモンを出す。これが、社会を落ち着かせる制度作りに作用すればけっこうだが、往々にして若いうちは破壊衝動が勝ってしまう。するとマラソンがいつの間にか格闘技に変化してしまう。

他人さまのことを言っているのではない。日本も戦前戦後、世の中の振り子が大揺れする時期を何度か経て、やっと今日の落ち着きを得ている。六〇年安保騒動の頃を思い出して下さい。

北東アジアから、中央アジア・コーカサス、トルコ、それから中・東欧にバルト諸国まで、「自由と繁栄の弧」となる地域はマラソンを始めたばかりかもしれない。私たちがコーチできることはいくらでもあるのではないか。まさしく終わりのないマラソンを走り始めたこれらの国々の伴走ランナーを務めて行きたい。

ある特定の地域を指して「危機の弧」や「不安定の弧」と称するのは、あくまでも西洋的尺度からみた危機であり、不安定でしかない。日本はアジアの実践的先駆者として、危機や不安定を指摘するだけでなく、共に生きていくために、仲間の繁栄に力を貸すべきである。

かなり単純化したが、これが私の目指す外交の基本方針である。

自由と繁栄の弧を広げる

十年ほど前、平成八（一九九六）年のリヨン・サミットで、日本が発表した事業がひとつあった。

「民主的発展のためのパートナーシップ（Partnership for Democratic Development）」。通称「ＰＤＤ」である。若い民主主義国に対し、ガバナンスの仕組み作りに手を貸そうという試みだ。

開始からまだ十年ほどだが、すでにかなりの実績を上げている。民主化、市場経済化に向け産みの苦しみを経験していたＣＬＶ諸国、モンゴルやウズベキスタンといった国々に対し、法制度、司法制度づくりといった国造りの基礎作業を、集中して支援してきた。

しかもそれは、ＰＤＤのほんの一端に過ぎない。外務省のホームページには、かなり詳しくＰＤＤについて書いてあるので、興味のある方はご覧いただきたい。「各種制度作り支援」として、民主化支援、法制度整備・司法支援、行政支援などの他に「選挙支援」「市民社会の強化」「知的支援」など、実に多くの支援を行っている。

外務省が外で金を使うというと、何とかの一つ覚えのように「バラマキだ。ムダだ」という合唱が起こる。しかし、こうした生きた支援、人間に対する支援も行っている。ただ、いかんせん宣伝下手で、しかもマスコミは良いことは大きく書かないので、なかなか皆さんに知っていただけていない。

多くの方の記憶に残っていない支援は他にもある。少し横道にそれるが、好例として冷戦終結直後の日本の東欧支援についても触れておこう。

平成元（一九八九）年の夏、まだベルリンの壁も崩壊していない段階で、日本政府はアルシュ・サミットを機に、ポーランドとハンガリーに対して、大規模金融支援策の用意があることを打ち出した。そして実際に、翌年一月、まさに壁が崩壊したばかりのベルリンへ行った当時の海部俊樹総理は、ポーランドとハンガリーへ、総額十九億五千万ドル、日本円で二千八百億円以上に上る巨額の支援策を発表した。

このような縁もあって、ポーランドとは今、非常に友好的な関係にあるといっていい。ポーランドには「ポーランド日本情報工科大学」という、「日本」の冠を戴く大学がある。ここではＵＮＤＰ（国連開発計画）の協力を得て、日本からの支援総額三十五万ドルをもとに「対ウクライナ情報技術移転プロジェクト」という事業を実施している。

また『灰とダイヤモンド』で有名な映画監督アンジェイ・ワイダさんは、京セラの稲盛和夫さんが差し上げた京都賞の賞金を元手に、古都クラクフに「日本美術技術センター〝Manggha マンガ〟」を作った。ここでいう「マンガ」とは「北斎漫画」のことである。若きワイダ監督が見て心打たれたという、さる収集家の作品を収めた施設だ。

現代日本のマンガ人気も高く、私のマンガコレクションには、ポーランドの外務大臣がくれた『犬夜叉』のポーランド語版が入っている。

ポーランドは中央アジアについての知識の宝庫でもある。成長も目覚しく、平成十六（二〇〇四）年五月にはＥＵにも加盟した。

日本に対して理解が深く、地理的・文化的に見て、「自由と繁栄の弧」のうちの伸び盛りの国々を上手に助けられる。そういう立場にあるポーランドと友好関係にあることは、実に頼もしい話である。

ボスニア・ヘルツェゴビナでも、平成七（一九九五）年に紛争が終るや否や、日本は五億ドル出した。二国間ではアメリカに次ぎ二番目の額だった。「なんで日本がそこまでしてくれるのか」と不思議がられたほどだというが、これも今となっては「一番実のある支援をしてくれたのは、結局日本だった」といわれているようである。

こうした支援はすべて、「自由と繁栄の弧」を広げるための「価値の外交」そのものである。単に私のような言葉で表現していなかったし、また別の言葉でもアピールできていなかっただけで、実は日本はそうした外交をすでに行ってきたのである。

つまり、「私たちは普遍的価値を信じている。そしてもしも皆さんがそれを共有しようというのであれば、喜んでお手伝いしますよ」というボディランゲージを発し続けてきたのだ。

国造りのお手伝いをする

もちろん、東南アジアにおいても日本のボディランゲージは実に雄弁だった。カンボジアの国づくりにまつわる日本の経験は、いわばその原点ともいえる。

ここでは日本人女性の活躍をご紹介しよう。三澤あずみさん、関根澄子さん、柴田紀子さんという三人の女性検察官がカンボジアに出向したのは平成十五（二〇〇三）年のことだった。彼女たちはみな、法務省の「法務総合研究所」所属である。

カンボジアでは、クメール・ルージュ政権の幹部を裁く公判が続いていた。紛争から復興しようとする国の場合、紛争状態にあった時代の国家犯罪を裁く過程を、多くの場合避けて通ることはできない。ここで正義が実現しなければ、国民の和解は難しい。

こうした事情もあって、カンボジアでは刑事法だけではなく、民法や民事訴訟法も整える必要があった。そのために裁判官や弁護士を育てる学校もできた。三人の日本人女性は、その学校で教える先生方を、さらにコーチするプロとして働いてきたのである。

当時二十四億円のODA拠出が決まっていたが、それだけではどうにもならない。そもそも裁判をするといっても、近代的な法整備そのものがなされていないため、制度作りから始めなければならなかった。すでに完全な法治国家となって久しい日本では、なかなか想像しづらい国状かもしれない。

近代的な法が整備されていないというのは、たとえばどういうことか。法務省のホームページには三人の座談会が紹介されている。この中で、日本とは違う当地の様子について、いくつか例が上げられている。そもそも判事の書いた判決文が、論理としてわかりにくい。また、土地の不法占拠に対して「出て行け」と命じるまでは日本と同じだが、引っ越し先まで裁判所が決めてあげないといけないという慣習があったという。

こうした違いに戸惑いながらも、彼女たちは決して「日本流」を押し付けるのではなく、彼らなりの近代化が進むよう、アドバイスを送ってきた。このホームページは、彼女たちの奮戦ぶりがよくわかり、大変面白いのでぜひ読んでみていただきたいと思う。

また、東京の「国連アジア極東犯罪防止研修所」という機関で教官をしていた法律専門家の野口元郎さんは、クメール・ルージュ裁判上級審の国際判事の一人として送り出された。野口さんは、ベトナム、ラオス、カンボジアの法律整備を助け、外務省の国際法局でも国際人道法の仕事を手がけている。いわば日本から世界に出張する「行列のできる法律相談所相談員」である。

カンボジアで活躍している日本人は他にもいる。たとえば「日本地雷処理を支援する会」というＮＰＯに属し、地雷の除去を地道に続けている人たちもそうだ。かつてカンボジアでPKOに携わった自衛隊OBたちが集まり、もう一度現場へ、という気持ちから始めた組織だ。

ここに挙げたのは、カンボジアで日本が行った支援のごく一部に過ぎない。日本は初めての本格的なPKOにカンボジアで携わり、その後も選挙、法整備などあらゆる「国造り」に関わることを支援してきた。先方にとって日本は実践的先駆者だったかもしれないが、同時に日本にとっても、カンボジアは「国造りを手伝うとはどういうことか」を教えてくれた道場だったとも言えるだろう。

カンボジアに日本が初めてPKOを出したのは、平成四（一九九二）年だった。当時、自衛隊が海外で活動するというだけで、社会党などの野党は猛反発をした。いちいち調べる気もしないが、「海外派兵だ」と大騒ぎした。

しかし、実際はどうだったか。自衛隊のPKOは大成功だった。カンボジアは今も民主化を進めている。もちろん、それは彼ら自身の力によるものである。が、日本がお手伝いしたことも日本人ならば知っていていただきたい。派兵だと騒ぎ立てていた人たちは、自衛隊OBが、いまだに地雷除去に出かけていることをご存じだろうか。

この例を見ればわかるように、実は日本はずっと「価値の外交」を地道に積み重ねてきている。そのことに自信を持つべきなのである。

中央アジアの「グレート・ゲーム」

「自由と繁栄の弧」の形成において、現在もっとも重要な地域の一つが中央アジアである。

中央アジアは十九世紀、「グレート・ゲーム」の舞台であった。今日のアフガニスタンから中央アジアにかけて、北からの帝政ロシアと、南からの大英帝国が繰り広げた覇権争いのことを通称、「グレート・ゲーム」という。

もちろん、今はロシアやイギリスの植民地はない。それでも二十一世紀の今日、また「グレート・ゲーム」が始まったという見方がある。

元来この地域は石油やガス、金、ウラン鉱石などの地下資源が豊富だった。そのため今でもいろいろな勢力の関心、利害が錯綜している。ある意味で、事態は十九世紀よりも複雑化しているといえるかもしれない。中国、ロシア、カザフスタン、キルギスタン、タジキスタン、ウズベキスタンの六か国からなる「上海協力機構」が発足しているが、これとて各国の思惑、利害は様々だろう。「9・11」以降は、これらが一層複雑な様相を呈してきている。

しかし言うまでもないが、今は帝国主義の時代ではない。「新グレート・ゲーム」の結果、中央アジアが諸外国の都合に翻弄されたり、服従を強いられたりすることは、あってはならない。主役はあくまでも、中央アジア諸国自身である。つまりオーナーシップを持っているのは、中国でもロシアでもない。それぞれの国である。

当事者自身が主役である、「オーナーシップ」を持っている、という認識を土台に据えつつ、国造りに協力していく。これが、日本の中央アジア外交を貫く基本哲学である。

確かに、中央アジア各国の状態は不安定だ。民族構成は極めて複雑で、宗教宗派の葛藤も絡んでいる。いつ噴出するとも知れない「マグマ」を抱えているようなものだ。そこにつけこもうとする他国もあるだろうが、日本は、そのような国に与しない。逆に、マグマの圧力を逃がす安全弁をつける手助けをしたいと考える。

それが結果として「自由と繁栄の弧」を強固なものにし、国益にもつながる。英語に「鎖の強さは一番弱いつなぎ目で決まる」という諺《ことわざ》がある。鎖に一つ弱いつなぎ目があると、他がどれだけしっかりしていても、鎖全体の強度が弱くなってしまう。一つが崩壊すれば鎖は切れてしまう。

日本は、世界が全体として安全、平和なことに、自らの繁栄を託す国である。たとえ遠回りだろうが、鎖全体の強度を上げていくことに国益を求める。弱いつなぎ目につけこむことはしないし、知りつつ頬かむりするということもしない。

当然のことながら、「実利」もある。中央アジアはカスピ海沿岸を中心として、地下資源の豊富な場所だという点で、日本の将来にとって欠かせない存在となるだろう。

中央アジアの現在の原油生産量は、まだ世界全体の二パーセント強に過ぎない。しかし今後パイプラインなどの輸送設備が整っていくと、生産量は倍増する見込みである。しかまた、二パーセントといっても馬鹿にできる量ではない。これは大体日量百六十万〜百七十万バーレルに相当する。さらにアゼルバイジャンを含むカスピ海沿岸地域全体で見れば、日量二百万バーレルの生産量がある。

これは、日本が毎日輸入している原油量の実に三割から四割にあたるから、決して少ないものではない。しかも天然ガスの生産量は年間約千三百億立方メートルで、これは日本国輸入量の一・六倍に当たる。

日本は今、この地域から直接には石油や天然ガスを輸入していない。しかし、石油も天然ガスも国際商品である。それぞれのマーケットは基本的に世界に一つで、産地の地域差を越えて統合された市場になっている。

したがって、中央アジアが供給元として安定していることは、世界市場全体の安定に欠かせない。中東やOPECで何かが起きた時のバッファー（緩衝材）ともなる。そう考えれば日本として、中央アジアの状況を気にしないでいいはずはない。

日本政府は、中央アジア各国が一九九一年に独立した直後から、すでに道路、空港、発電所などのインフラ整備、医療・教育から人材育成まで、広範囲にわたり支援してきた。平成十六（二〇〇四）年度までの累計で、二千八百億円。実績ベースで言うと、OECD開発援助委員会（DAC）に属する主要国が、中央アジアに出してきたODAのうち、日本のシェアは約三割にもなる。

経済関係も進んで、双方向の貿易額はこの間約七倍に拡大している。ウズベキスタンとの間には、平成十三（二〇〇一）年四月以来、直行便が飛んでいる。二〇〇四年八月には「中央アジア＋日本」という対話の枠組みができた。

もちろんこうした実務は主に政府の仕事だ。ただ、ぜひとも、「中央アジアは『何とかスタン』ばかりでわかりづらい」などと敬遠せずに興味を持っていただきたい。

自衛官という外交官

もう少し「価値の外交」を実践している人々を紹介したい。

日本の自衛隊は灼熱のインド洋、甲板に卵を落とすと目玉焼きができるという過酷な環境の中で、ほぼ毎日のように諸国との共同行動を行っている。

洋上で船と船がぴったり平行に並んで走り、油を補給するというのは、きわめて難度の高いワザである。それをもう五年、海上自衛隊はＮＡＴＯ加盟各国海軍の船に向け実施している。日本のそのワザは、「ゴッドハンド」と呼ばれるほど高い評価を獲得した。

イラクでも自衛隊は汗をかいた。イラク政府要人は口々に自衛隊員の士気の素晴らしさを称えてくれている。陸上自衛隊は長期にわたり、サマワに駐留したが、その間、婦女暴行、脱走兵、無銭飲食といった非行は一切無しである。一人の犠牲者も出さず、一発の実弾を撃つこともなく撤収を完了した。これは野球でいえば控えめに言ってもノーヒットノーランくらいすごい話である。

フランス国防省が発行している『今日の軍隊』という機関紙に、イラクに派遣されている陸上自衛隊の成果についての記事が掲載された。なぜ自衛隊は成功したのか。そこには、「日本の陸自隊員は、軍服は着ているけれど、イラクの人道復興支援の為に来ているということを、イラク人に確信させたのが成功した最大の背景である」と記されている。

では、どうして陸上自衛隊はその信用を勝ち得たのか。彼らはサマワに入るとすぐ、現地の議会や部族の長などすべてのところに、士官、部隊長クラスが挨拶に出向いた。日本で言う根回しである。Tシャツに短パンではない。きちんとした制服姿である。四十度を超える暑い中で、歩くだけでも大変だったと思う。その中で、今やってもらいたいことは何か、丹念に尋ねて回った。

「道路が爆弾で破壊された」「飲める水がない」「電気がつかない」「薬がない」「学校がない」など、その地域毎にすべての要望を聞きだし、確実に実行した。しかもそれをイラク人と一緒にやった。

道路を直すために隊員がブルドーザーを使っていると、それを見ているイラク人がいる。彼に使い方を教える。翌日も教える。程なく運転できるようになる。

そのイラク人は日当をもらいながら、特殊車両の運転を習得できる。陸上自衛隊が撤収しても、手に職を付けているので、建設業などに従事することができる。すなわち、職を与え、技術を与えたことになる。他にも病院や学校でも同じようなことをやって、結果として地元の人に大変感謝された。

こういった活動の積み重ねが、結果として日本のブランドイメージを作る。これはカンボジアや東ティモールでのＰＫＯの経験が生きたということだ。

いろいろな地域で自衛隊が活動した成果が、日本のイメージをよくし、力となり、国益につながる。外交は、何も外交官だけのやる仕事ではない。流暢に英語を喋り、ナイフとフォークで飯を食うというだけの仕事でもない。自衛隊は最高の外交官であった。私は感謝をこめてそう申し上げたい。

私は自衛隊員をどんどん海外に出そうといっているのではない。防衛庁から防衛省となって、主たる任務に海外での活動が含まれたとしても、彼らの主たる仕事がそれではないことは誰もが知るところである。もっと他の「外交官」たちの活動にも期待したい。

我々が思っている以上に、日本が活躍する場所はまだまだある。日本には、明治以来、営々として自前で築いてきた行政実務の経験があるのだ。日本が手を貸し、知恵を貸せる余地は、我々が自覚している以上のものがあると、確信をもって言うことができる。

ただし、銃声が止むか止まないかの段階から、国造りに至る長い期間、危険な地であえて活動しようという文民の方には、相応の知識や、安全管理のスキルを身につけていただかないといけないだろう。現場で関係者に混じり、調整する能力も必要である。

そういう知恵や技能を身につけてこそ、実務経験、知識を、平和構築の現場で生かすことができる。ここで実は、第三章で述べたシルバーパワーも生きてくるはずだ。

残念ながら、まだ日本はＰＫＯ先進国とは言いがたい。ＰＫＯ活動についてざっと見てみると、目下世界各国から計五千人あまりが国際職員として関わっている。この五千人を出身国別にし、どの国が何人出しているのか比べてみた。すると、当該国の人口百万人当たり、ニュージーランドは十一・五人、ノルウェーは七・八人、カナダは七人、スウェーデンは六人が、各地の国連ミッションに従事している計算になった。それに対し、日本は、たったの〇・一六人しか出していない。

スウェーデンやカナダのようなPKO先進国には、平和構築の専門家を育てる学校があり、自分の身の守り方まで含め、さすがといえるようなノウハウを教えている。こうした学校の設置も含めて、私たちにはまだ謙虚に学ぶべきことがたくさんある。

アジアとのしなやかなネットワーク

本書も終わりに近づいた。もう一度、アジアのネットワークの重要性を強調しておきたい。

十年一昔、三十年で一世代という。

約三十年前の昭和五十一（一九七六）年、中国では周恩来、毛沢東という革命の両巨頭が相次いで亡くなり、文化大革命がようやく終わりを告げたばかりだった。自由経済の影も形もない。

ベトナムや他のインドシナ諸国では、戦火は、単に収まったというに過ぎない状況だった。カンボジアの悲劇が始まるのは、この後のことだ。

日本のアジア政策はというと、まだまだ満足なものではなかった。戦後賠償が完全には終わっていなかったのだ。この年フィリピンに対する最後の賠償手続きを完了させ、戦後処理に節目を打つ。ここで過去の負債をいったん返し終えたわけである。日本は初めて積極的な対アジア政策を立てることができるようになる。

日本の戦後復興資金として、アメリカが供与してくれていた総額十八億ドル強の「ガリオア・エロア資金」というものがあった。日本はこれで、戦後傾斜生産のために必要な石炭や鉄鉱石が手当てできたし、大いに助かったのは事実である。当初、こちらはアメリカが無償供与してくれたものだと思っていた。ところが昭和二十三（一九四八）年になって突然「有償である、返済せよ」ということになった。話が違うと文句を言っても、当時は日米の力の差が大きすぎるから仕方がない。

日本は七年もアメリカと交渉して粘ったのだが、とうとう折れて、約五億ドル分はお返ししますということになった。それからは意地である。必死に返し、計画より前倒しして昭和四十八（一九七三）年に完済した。七〇年代の日本は、まだそんな状態だった。

それから、三十年余。この間の歴史を知っている方ならば、「遥けくも来つるものかな」という思いにとらわれるのではないだろうか。世界のどこに、たったの三十年でこれだけの距離を、これほどの速度で駆け抜けた国があるだろうか。

その日本に追いつけ、追い越せとアジアの他の国々も走り始めた。

がんばって走れば未来は明るい。そんなアジア的楽観主義が支えになった。その結果、今やアジアとは、世界中で最も活発な交易ネットワークの別名となっている。一人当たりGDPは、ASEAN主要国ではどこも、この三十年間に三倍から六倍にも伸びた。だとするならば、アジアとは、伸び行く中産階級の集合体である。アジア人とは、面を上げ、常に前を向いて歩む人々の別称である。

もしかすると経済以上に大切なことは、この間にアジア人が、ある精神的革命を遂げたことかもしれない。アジア人が、アジア人自身を美しいと、心から思い始めたことである。

クアラルンプールの少女、北京の少年、ハノイの中学生やジャカルタの高校生は、もはやアイドルを、ハリウッドのつくる銀幕だけに求めはしない。新しいファッションのインスピレーションを、パリにだけ求めようとはしなくなった。

日本でも、もっぱらブロンドの美男子に夢中になっていた女性が、隣国のスターに金切り声を上げるようになった。それ以前から香港、中国のスターも人気を呼んだ。

つまり、近代史上初めて、アジア人のアジア人による、アジア人のためのスターが生まれ、流行が作られて、旺盛に消費されている。

かつての黒人解放運動のときのスローガン「ブラック・イズ・ビューティフル」に倣えば「アジアン・イズ・ビューティフル」。アジアの人たちは、口に出す出さないはともかくとして、今やそんなふうに思っているのではないか。

私が描く日本、そしてアジアの未来像とは、対等なネットワーク型のものである。

ネットワーク型という以上、近代が生んだ良くも悪くも最大の発明の呪縛から、未来のアジアが解放されている姿を夢見ている。近代の生んだ呪縛、すなわち「国民国家」であり「自民族中心主義」という意味に規定される「偏狭なナショナリズム」である。

この二つは、地図に黒々と、太い国境を引く思想であった。また時として、その国境を外へ無理やりにでも広げていくのをよしとする考えでもあった。硬い甲羅を想像させる発想であり、「対話」でなく、「対決」を促すものであった。

ここであえて他人のことは言うまい。日本人は一度、偏狭なナショナリズムという、強い酒をしたたかにあおった経験がある。

ただ、だからこそ胸を張ってこう言える。これからのアジアは、国民国家の枠、偏狭なナショナリズムの罠に絡め取られるようではいけない。未来は、もっとしなやかで、一層ダイナミックなネットワークの上にこそ、築かれなければならない。

アジアに共通の、夢のコミュニティを語れるときはすでにやってきている。それは日本や、インドネシアの伝統家屋がそうであったように、さわやかな風をよく通す家々の集落であるだろう。

他者に対して寛容で、開かれた集落。いくつもの難問を抱えていたとしても、いついかなるときであれ、知恵を持ち寄って解決策を探り出しては進んでいくコミュニティ。手を差し伸べあい、経験を分かち合うネットワークである。

経験の深さ浅さには、国によって違いが残るかもしれない。けれどもそこには、いかなる意味においても、上下や優劣の差はない。

もちろん、これは国を否定する考え方ではない。私は愛国者である。愛国者の一人として、日本は、知恵と指導力を持った大人の国でありたい、と願っているのだ。それがアジアを偉大なネットワーク社会として発展させるに違いない。

大風呂敷を広げやがって、と思われるかもしれない。

しかし、ビジョンとは大風呂敷である。

そして日本の外交には、ビジョンが必要である。

インドは、少し前までは開発が遅れた国の一つだった。しかし現在はＩＴ立国として、国内に新たな繁栄をもたらすと共に、海を越えて何千人ものＩＴ技術者をシリコン・バレーやその他のＩＴ産業の中心地に送り出すまでに至っている。

アジアは新たに富を手にしただけでは、その歩みを止めはしない。東アジアの人々は、今や物質的な生活向上よりも大きなものを求め、得ている。我々は、それを「夢を見る自由」と呼ぶことができるかもしれない。

タイの田舎の貧しい農民の息子も、世界最高の心臓外科医になることを夢見ることができる。インドの南海岸の漁村の少女も、いつの日かニューヨーク交響楽団で指揮することを夢見ることができる。

もちろん、これは明るい面だけを申し上げているわけで、アジアにおいては依然として貧困、疾病やその他の苦しみを目にする。しかし、もはや絶望への後戻りはないように思う。なぜなら、今ではこうした子供たちが、自らの一生のうちに目標や夢を達成するための、目に見える確かな機会を与えられつつあるからだ。

柄にもなく、美辞を弄しすぎたかもしれない。日本人が過度に肩に力を入れる必要はない。明日からできることは、今日までやってきたことと、少しの違いもない。

それはすなわち、懸命に働くこと。知識や経験を分かち合うこと。成功と失敗の体験を共有するため、機会をとらえて対話を重ねていくこと。その中から、政治でも経済でも、ベストプラクティスを互いに学びあっていくこと——。これらがアジアを今日のアジアにしたのであれば、明日から私たちにできることも、これらと変わるところはないのである。

同じ労働を、同じ努力を、今から三十年後を夢見て行う。やがて建つ、風通しのよい家々が作るだろう平和な集落の様子を遥かに望みながら進めるのだとしたら、それは、暗闇の中の手探りとは雲泥の差をもたらす歩みとなるだろう。

アジア人は今、力強いセルフ・アイデンティティを我が物とすることができた。それは、「夢見る者」だということである。これまで私たちの達成してきたことに、自信の源泉を見出して、三十年後の未来を展望し、一歩ずつ歩みを進めていきたい。

おわりに

昔から特技は何かと問われれば、「ばあさん芸者にモテること」と答えることにしていた。育ちも選挙区も福岡の炭坑町、男臭い土地柄である。そこでセメント会社の社長という、これまたあまり色気のない仕事をしていた。およそ若者とは縁が薄かったように思う。

ところが平成十八（二〇〇六）年の自由民主党総裁選から、ちょっと風向きが変わった。私自身の話す内容が変わったわけではないのだが、私の演説が、若い人たちにもウケてしまったのである。秋葉原の駅前で「自称オタクの皆さん」と呼びかけたからではないかといわれているが、ともかく若い人たちが私の意見に耳を傾けてくれたのは、望外の喜びであった。

あの総裁選は、これまで気がつかなかった自分を知ることができたという意味でも収穫だったが、それ以上に、私は日本の若者たちのパワーにも、改めて気づかされた。若者は政治に興味がないといわれてきたが、決してそんなことはない。みんな自分たちの国の未来に関心があるし、日本をよくしていきたいと考えているのである。

本書は、あの時の「手応え」から始まっている。若い人たちにも、働き盛りの人たちにも、人生の大先輩たちにも、もっともっと政治を知って欲しい。そして日本をよくするために、一緒に知恵を出して欲しい。その一つのきっかけになればと思い、拙《つたな》いながらも、私の考えを一冊にしてみた。これまで自分のホームページのコラムで書いてきた文章を下敷きに、新たにまとめたものである。

本書をお読みになって、何かいいアイデアが浮かんだら、ぜひ教えて下さい。あまり目の前のことに一喜一憂して落ち込んだりくさったりせずに、一緒に「元気な日本」を作って行こうじゃありませんか。

平成十九年四月

麻生太郎

麻生太郎　1940（昭和15）年福岡県生まれ。学習院大学政経学部卒業。麻生セメント社長、日本青年会議所会頭を経て、79年衆議院議員に初当選。外務大臣などを歴任し、2008年第92代内閣総理大臣。

Ⓢ新潮新書

217

とてつもない日本《にほん》

著　者　麻生太郎《あそうたろう》

2007年6月10日　発行
2008年11月30日　16刷

発行者　佐藤隆信
発行所　株式会社新潮社
〒162-8711　東京都新宿区矢来町71番地
編集部(03)3266-5430　読者係(03)3266-5111
http://www.shinchosha.co.jp

印刷所　錦明印刷株式会社
製本所　錦明印刷株式会社

ISBN978-4-10-610217-2　C0231

価格はカバーに表示してあります。